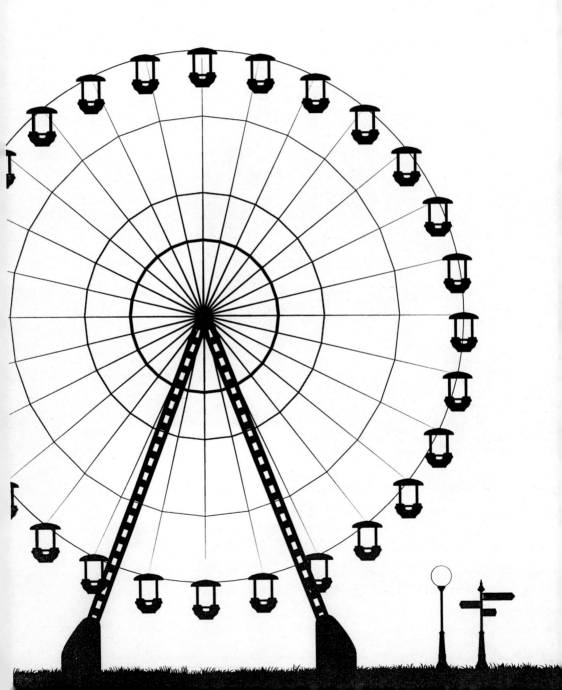

PRAZER DE VIVER

PRAZER DE VIVER
Copyright © 2007 by Wanderley Soares de Oliveira
3ª edição | Setembro 2015 | do 1º ao 3º milheiro
Impressão sob demanda a partir de março de 2018

Dados Internacionais de Catalogação na Publicação (CIP)

DUFAUX, ERMANCE (Espírito)

Prazer de Viver
Ermance Dufaux (Espírito); psicografado por Wanderley Soares de Oliveira.
DUFAUX: Belo Horizonte, MG, 2007.

254 p.   16 x 23 cm

ISBN: 978-85-63365-74-3

1. Espiritismo.   2. Psicografia.
I. Oliveira, Wanderley   II. Título.

CDD 133.9   CDU 133.9

Impresso no Brasil – Printed in Brazil – Presita en Brazilo

Editora Dufaux
R. Contria, 759 - Alto Barroca
Belo Horizonte - MG
CEP: 30431-028
(31) 3347-1531
comercial@editoradufaux.com.br
www.editoradufaux.com.br

Conforme novo acordo ortográfico da língua portuguesa ratificado em 2008.

Os direitos autorais desta obra foram cedidos pelo médium Wanderley Oliveira à Sociedade Espírita Ermance Dufaux (SEED). Todos os direitos reservados à Editora Dufaux. É proibida a sua reprodução parcial ou total através de qualquer forma, meio ou processo eletrônico, digital, fotocópia, microfilme, internet, cd-rom, dvd, dentre outros, sem prévia e expressa autorização da editora, nos termos da Lei 9.610/98 que regulamenta os direitos de autor e conexos.

Wanderley Soares de Oliveira

pelo espírito
Ermance Dufaux

PRAZER DE VIVER

Série
Harmonia Interior

SELF

"É o arquétipo da totalidade, isto é, tendência existente no inconsciente de todo ser humano à busca do máximo de si mesmo e ao encontro com Deus. É o centro organizador da psique. É o centro do aparelho psíquico, englobando o consciente e o inconsciente. Como arquétipo, se apresenta nos sonhos, mitos e contos de fadas como uma personalidade superior, como um rei, um salvador ou um redentor. É uma dimensão da qual o ego evolui e se constitui. O Self é o arquétipo central da ordem, da organização. São numerosos os símbolos oníricos do Self, a maioria deles aparecendo como figura central no sonho."

(*Mito* pessoal e destino humano,
do escritor espírita e psicólogo Adenáuer Novaes)

SOMBRA

"É a parte da personalidade que é por nós negada ou desconhecida, cujos conteúdos são incompatíveis com a conduta consciente."

(*Psicologia e espiritualidade*,
do escritor espírita e psicólogo Adenáuer Novaes)

HOSPITAL ESPERANÇA

O Hospital Esperança é uma obra de amor erguida por Eurípedes Barsanulfo no mundo espiritual. Seu objetivo é amparar os seguidores de Jesus que se deparam com aflições e culpas conscienciais após o desencarne. Informações mais detalhadas sobre o hospital podem ser encontradas no livro Lírios de esperança, obra de autoria espiritual de Ermance Dufaux e psicografia de Wanderley Oliveira (Editora Dufaux).

"Aqui mora a fé, a sublime qualidade dos que jamais deixarão de acreditar na força superior do bem." Eurípedes Barsanulfo(Inscrição que se encontra no portal de entrada do Hospital Esperança, no mundo espiritual).

MEIA-IDADE

"Inteiramente despreparados, embarcamos na segunda metade da vida [...] damos o primeiro passo na tarde da vida; pior ainda, damos esse passo com a falsa suposição de que nossas verdades e ideais vão servir-nos como antes. Mas não podemos viver a tarde da vida de acordo com o programa de sua manhã – pois o que foi grande pela manhã vai ser pouco à tarde, e aquilo que pela manhã era verdade, à tarde se tornará mentira."

(Carl Jung, *The stages of life* – CW 8, par. 339)

Sumário

Assume seu leito [13]

[Prefácio]
Nada ficará oculto em nossas vidas [17]

[Introdução]
Como trabalhamos o prazer
de viver no Hospital Esperança [25]

[1]
Sob a luz da esperança [35]

[2]
Meia-idade, a travessia
ao encontro da esperança [43]

[3]
O poder da resignação [53]

[4]
Humanização, uma proposta
de educação emocional   [61]

[5]
Sopro de esperança   [71]

[6]
Raízes do melindre   [77]

[7]
Sentimento inconfessável   [85]

[8]
Projetos de religiosidade
na promoção humana   [93]

[9]
Significado da caridade   [101]

[10]
Autoperdão, força para recomeçar					[109]

[11]
Fé, combustível do ato de viver – Parte I			[121]

[12]
Fé, combustível do ato de viver – Parte II			[131]

[13]
Vitória sobre o ciúme						[139]

[14]
Sentimentos: nossos verdadeiros guias				[147]

[15]
Onde estão os Espíritos Superiores				[155]

[16]
Convivência fraterna nos grupos					[171]

[17]
Aos cuidadores de almas [179]

[18]
Sensibilidade mediúnica [187]

[19]
Traços do orgulho [193]

[20]
Sob a hipnose da vaidade [201]

[21]
Descanso e refazimento [209]

[Entrevista com Ermance Dufaux]
Importância espiritual da meia-idade [217]

"A ti te digo: Levanta-te, toma o teu leito, e vai para tua casa."

Marcos 2:11.

Assume seu leito

Submetido ao leito de provas, o paralítico chega àquela enfermaria da vida para o encontro sublime com o Médico do Amor.

Depois de ter restaurada a saúde, recebe a magna orientação do Senhor: "Toma o teu leito", adquirindo definitivamente o controle sobre as dores a que se ajustava. Ele carregaria a cama e não o contrário.

A cura do corpo, porém, não o libertava do leito provacional que carregava intimamente. Ele regressaria à origem de suas lutas: "vai para tua casa". Foi no grupo familiar que nasceu sua paralisia.

Ante o exemplo do doente de Cafarnaum, procure assumir o seu leito de testemunhos. Busque a nascente de suas dores e cure-se.

Cultive a resignação produtiva, invista no saber libertador, dinamize seus sentimentos pelo próximo, empenhe-se na disciplina e no sacrifício aos deveres, sirva sem impor condições, ame indistintamente, ore perante sua fragilidade.

Prossiga confiante, rumo ao seu futuro. Assim terás o ensejo de assumir seu leito e, por fim, livrar-se da exaustiva jornada de estagnação e dependência.

Ermance Dufaux
Belo Horizonte, julho de 2008.

"Busque a nascente de suas dores e cure-se."

"Porque não há coisa oculta que não haja de manifestar-se, nem escondida que não haja de saber-se e vir à luz."

Lucas 8:17.

[Prefácio]

Nada ficará oculto em nossas vidas

Jesus, o cuidador de almas por excelência, teve o ensejo de nos lembrar: "Sois deuses".[1] Que reflexão mais educativa dirigida à consciência de cada um de nós pode alguém fazer? Eis algumas interpretações para a fala do Mestre: Sentimo-nos capazes? Queremos a vitória? Estamos usando nossos potenciais divinos? Acreditamos na força pessoal de transformação? Quando nos apropriaremos do patrimônio celeste da nossa intimidade?

Relembrando-nos sobre a nossa divindade em potencial, Ele traz outro de Seus belíssimos ensinos sobre o inconsciente: "Porque nada há encoberto que não haja de ser manifesto; e nada se faz para ficar oculto, mas para ser descoberto".[2]

É da Lei Divina o processo revelador da nossa individualidade. Queiramos ou não, a vida submersa no inconsciente é um constante clamor em direção à luz da perfeição. Nada pode, pois, permanecer eternamente encoberto, como pontua Jesus.

Depois de passar alguns anos em hipnose cerebral, retomamos em plena infância o patrimônio das vidas anteriores.

Na juventude, fazemos os primeiros contatos com a sombra estruturada em vidas sucessivas. É o período das turbulências e instabilidades. Muitas vezes, à custa de elevada dose

---
[1] João 10:34.
[2] Marcos 4:22.

de recalques diante de frustrações e desapontamentos, construímos a fortaleza defensiva do ego.

Assim, o Espírito, com raríssimas variações, entrega-se aos deveres da reencarnação, trazendo a alma oprimida por velhas bagagens morais de sua trajetória. E, somente na metade da vida carnal, a criatura retoma de forma mais incisiva e amadurecida o contato com todas as suas pendências eternas.

A meia-idade, estudada com atenção por Jung, constitui mais um ciclo revelador da vida mental. Para muitos, será a última estação de parada antes da morte, a fim de que os conteúdos do inconsciente possam sacudir as mais enraizadas crenças e concepções da existência.

Sem dúvida, tal etapa da vida vem acompanhada de severas ameaças à nossa zona de conforto e segurança. Tomar contato com os conteúdos velados da vida íntima é um desafio doloroso de desilusão. É o momento da ousadia que pede paciência para não tombar na irresponsabilidade. É o instante da coragem que vai solicitar o desapego da vida ideal – aquela do jeito que queríamos – para assumirmos a vida real.

Como atravessar a ponte das concepções e projetos pessoais? Como fazer essa caminhada tornar-se um passo decisivo para a verdadeira felicidade? Como reconstruir nossas crenças? Que ações adotar para que o nosso querer não seja apenas mais uma ilusão? Que decisões tomar para que as escolhas não sejam apenas uma rota de fuga? Aliás, como distinguir o que é fuga, quando brota do inconsciente o convite para o contato com todo o conjunto de expressões afetivas? A infelicidade, a depressão, o vazio existencial e tantas outras manifestações de tédio interior não serão, igualmente, mensagens da vida íntima atestando fugas de nossas necessidades mais esquecidas no aprimoramento espiritual?

Companheiros queridos, já iluminados com o conhecimento espiritual, assumiram para si mesmos o sublime compromisso de erguimento consciencial. Todavia, dois rastros de descuido têm permeado as lições de muitos aprendizes neste tema. O primeiro deles é a aceitação da dor como único instrumento de redenção. Neste, temos a crença derrotista, é um ato de desamor. Na verdade, a ausência de autoamor. O segundo é a nociva negação do dinamismo de nossa vida interior. Há nele o medo do confronto, uma manifestação sutil da rebeldia em não aceitar quem somos. É um efeito do orgulho.

É necessário um elevado discernimento para distinguir o ato responsável da fuga orgulhosa.

O foco do prazer de viver é este, a perda de quem achávamos que éramos, o falso eu, e o encontro com o eu real. A busca da autenticidade. A identidade psicológica do Ser.

Cuidemos, com vigilância, para que o Espiritismo, essa ferramenta de evolução, não se torne mais um instrumento de tortura em nossa vida. Em nossas casas de amparo na erraticidade, muitos corações sinceros e exemplares no desprendimento e na ação do bem encontraram pela frente a aflição e a angústia, tombando em lamentáveis crises de descrença e revolta. A razão? Descuidaram de si próprios. Negaram o contato com sua realidade interior. Deixaram de pedir ajuda. Acreditaram em uma personalidade mentalmente projetada e perderam o contato com suas emoções mais profundas. Alguns deles se renderam confiantes a conceitos e estruturas organizacionais reconhecidas e consagradas na comunidade, e somente aqui puderam aferir a extensão da ilusão que cultivaram.

Hipnotizaram-se com cargos, mediunidades, talentos verbais, ações beneficentes e outras tantas iniciativas abençoadas e esqueceram-se do mais importante: a humanidade da qual somos portadores. Negaram a condição de criaturas simplesmente humanas.

No fundo de suas mais espinhosas decepções, estava um sentimento nuclear em assuntos de aprimoramento espiritual, o medo. O medo do confronto com os próprios sentimentos.

O Espiritismo é um convite à vida consciente e responsável. Conhecer a sombra não significa adotá-la. Entretanto, a título de responsabilidade, muitos amigos da caminhada de espiritualização equivocam-se em relação ao ensino oportuno de Jesus – que recomenda negarmos a nós mesmos, tomarmos a nossa cruz e segui-Lo[3] – e adotam a fuga silenciosa, postergando para o desencarne a incursão no seu mundo interior.

Cuidemos melhor de nossas vidas. Na trilha solitária do autodescobrimento, somos chamados a ações como "olhar para nossos pendores e tendências", "entrar em contato com o que sentimos" e "admitir o que queremos da vida". Após essas iniciativas, devemos perguntar a nós mesmos: "O que fazer com todo o patrimônio que identifica meu ser espiritual?". Adotemos, pois, um projeto de vida que contenha os seguintes ingredientes morais: paciência, humildade para pedir ajuda, oração para visualizar o futuro e coragem para fazer escolhas.

A tormenta na vida espiritual, depois da morte, não tem raízes apenas nas ações que são registradas nos sagrados fóruns da consciência, mas, igualmente, na sensação infeliz de vazio em razão de não termos feito o que já tínhamos condições de fazer, de descobrirmos o que já estamos prontos para descobrir e de sondar o lado oculto de nós mesmos que, inevitavelmente, há de ser revelado algum dia.

Coragem! O Pai não permitirá que carreguemos fardos mais pesados do que podemos suportar.

A esperança de meu coração repousa na intenção de ser útil e consolidar ainda mais a amizade sincera com os amigos e leitores na vida física.

---

[3] Lucas 9:23.

Que as anotações contidas neste livro sejam como pequenos lampejos de luz que auxiliem no erguimento de um mundo melhor e de dias mais venturosos e ricos de prazer de viver.

Pelo carinho que tenho recebido de todos, recebam a minha bênção de gratidão e amor eterno.

Ermance Dufaux

Belo Horizonte, agosto de 2008.

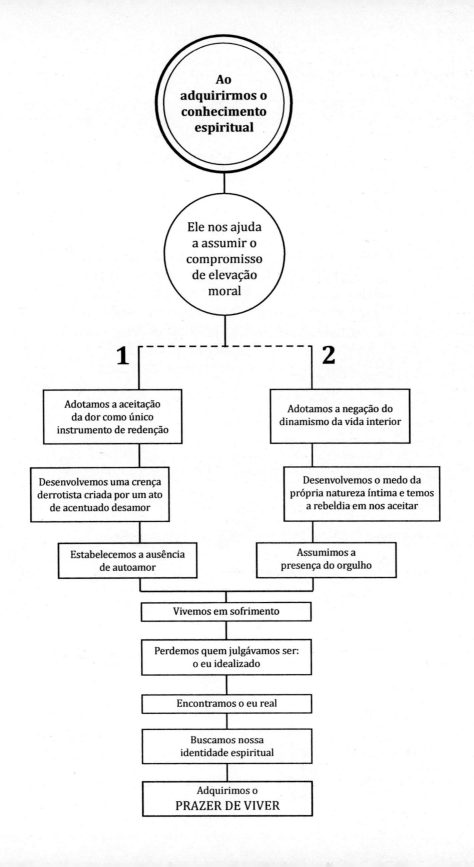

"E, se os deixar ir em jejum, para suas casas, desfalecerão no caminho, porque alguns deles vieram de longe. E os seus discípulos responderam-lhe: 'De onde poderá alguém satisfazê-los de pão aqui no deserto?'. E perguntou-lhes: 'Quantos pães tendes?'. E disseram-lhe: 'Sete'."

Marcos 8:3-5.

[Introdução]

Como trabalhamos o prazer de viver no Hospital Esperança

V iemos de tão longe na caminhada evolutiva, na busca do Cristo, que nos achamos famintos e mutilados, cansados e aflitos, no escaldante deserto de nossas lutas espirituais.

Apesar da sensação dilacerante de fracasso, este é o instante da esperança. Ainda que exaustos, este é o momento da vitória. Sem alimento divino desfaleceremos diante de nossas necessidades.

Uma das maiores fontes de nossa fome espiritual é o orgulho em não aceitar os próprios erros. Querer estar sempre certo e invulnerável é uma expressão da arrogância. Quem não se aceita como é, superdimensiona os resultados que decorrem de suas falhas ou fascina-se com a glória de seus êxitos.

Quando doutor Bezerra pronunciou o discurso "Atitude de Amor"[4] e hasteou a bandeira da humanização para a comunidade espírita, convocou-nos a uma árdua lição do progresso: aceitarmos nossa humanidade. Humanizar é também nos aceitarmos como humanos. Simplesmente seres humanos. É o que somos!

Ser humano é ser gente que erra e acerta, cujas imperfeições não são maiores nem piores que os enganos da sociedade da qual fazemos parte. É aprendermos a ser quem somos fazendo o nosso melhor a cada dia, para sermos melhores a cada conquista.

---

[4] De autoria espiritual de Cícero Pereira, inserida na obra *Seara bendita*, psicografada por Maria José da Costa e Wanderley Oliveira, diversos espíritos, Editora Dufaux.

Querer ser quem não somos é minar a alegria de viver.

Nossos principais focos de tratamento no Hospital Esperança, para resgatar o prazer de viver, baseiam-se nos seguintes princípios terapêuticos: o resgate da arte de sonhar, o desenvolvimento da honestidade emocional, a educação da carência afetiva, a morte da idealização, a cura da ignorância e o sentido da continuidade da vida. Esse conjunto de princípios forma a base da psicologia da libertação em direção ao amor legítimo.

Sem a sustentação do sonho, surge a rotina. A rotina acomoda-nos na indolência.

Sem honestidade com nós mesmos, alimentamos a ilusão. A ilusão complica a escolha pela fartura das racionalizações.

Sem educação da carência afetiva, sucumbimos na dependência. A dependência arruína o autoamor.

Sem aceitação, cultivamos a idealização. A idealização prejudica a noção de limite.

Sem sabedoria, acreditamos que sabemos o necessário e dormimos nos braços da ignorância. A ignorância nos mantém prisioneiros da dor.

Sem a noção de continuidade, nossa vida mental não é capaz de centrar no presente. O presente é o único momento capaz de nos devolver a realidade.

Esses princípios são aplicados com o objetivo único de resgatar a esperança no coração dos internos no hospital. São pessoas que passaram pela existência sem experimentar a energia da vida ou perderam conexão com essa força, em razão dos testemunhos a que foram chamados nos roteiros da provação. Sem esperança, não há caminho para a legítima liberdade nem força para a expressão do amor.

Por meio de técnicas e dinâmicas que constituem ferramentas emocionais e psicológicas modeladoras da vida mental, aplicamos a terapia das potências da alma, cujo núcleo é reconhecer a luz que há em cada um de nós.

A maioria dos que são acolhidos nas alas recuperativas indaga "o porquê" de suas provas. Todavia, terapeutas especializados na arte de viver, dotados de larga soma de alegria no coração, desenvolvem técnicas curativas da alma com foco na seguinte pergunta: "Para que a dor na minha vida?". O "porquê" não cria sentido para a existência e pode remeter a conflitos pavorosos nos sombrios porões do remorso. Saber "para que" vivemos, "para que" passamos pelas experiências, "para que" renascer e lutar é a fonte que vitaliza o ato de viver.

Saber a razão de viver é dar consciência à existência e torná-la mais digna.

Temos inúmeros pacientes que padecem da ausência de sentido de viver. Muitos já não gostavam da vida no plano físico e chegam aqui com uma soma ainda maior de queixas, tais como: vontade de retornar à matéria para a satisfação de certos hábitos, extrema saudade de pessoas e lugares, continuidade de doenças orgânicas, revolta pela interrupção de planos pessoais, indisposição para novas amizades, compulsão para a queixa em razão da inadequação para pequenas tarefas diárias, dificuldade de adaptação ao regime alimentar, apego a bens e utensílios.

Muitos desses atendidos foram iluminados com as bênçãos da Doutrina Espírita. Nutriam larga expectativa de colheita em razão dos movimentos de assistência que prestaram nas fileiras da caridade cristã. Pelos relevantes esforços a que se devotaram foram alvo de incondicional proteção e carinho. Entretanto, como não poderia ser diferente, não se livraram de si mesmos.

Deslocados de plano, distantes de suas creches e obras de solidariedade, sentiram-se sozinhos e desvalorizados. Na verdade, ficaram na superficialidade da caridade. Estavam envolvidos com o dever de ajudar, mas não comprometidos com o ato de amar. Derramaram apoio e suprimiram fome e dor. No entanto, esqueceram-se de si mesmos, não como um ato de renúncia, mas como uma fuga do enfrentamento pessoal. Bem-intencionados, porém, descuidados. De boa vontade, mas sem coragem para zelar por suas necessidades mais profundas. Passaram pela vida física fazendo muito bem aos outros, mas se esqueceram de realizar o bem a si próprios, com medo de se entregarem novamente ao egoísmo.

Pela bondade semeada, colheram os frutos da amizade e da atenção. Espera-lhes agora a tarefa redentora de investigarem-se, de saberem como amar também a si mesmos. Carregam na alma o peso da aflição que negaram. São tratados na mesma linha terapêutica para a recuperação do prazer de viver, porque, com raras exceções, escapam ao doloroso episódio da depressão depois da morte.

É lamentável constatar que até mesmo nas linhas de serviço da religião há uma multidão de almas que erguem o estandarte do amor e se asilam em fugas complexas em relação ao autoencontro.

Para todos, porém, há esperança. Se a misericórdia celeste não abandona os vales mais sombrios da maldade, tampouco abandonaria aqueles que já se esforçam por realizar algo no bem.

Há tratamento e alívio para todos os casos. Que ninguém no plano físico se exaspere perante tais informes. Cuide apenas de estar atento à edificação de valores indispensáveis no reino da alma, cujas bases repousem na mais legítima obra de educação dos sentimentos.

Após entender o "para que" da vida, surge a mais educativa das questões: "Como?" Como se conduzir diante do labirinto da vida inconsciente? Como resgatar as pedras preciosas do bem em meio à escuridão das emoções? Como penetrar nos porões da vida mental para extrair os germes da divindade depositados pelo Pai em nossa intimidade profunda?

Trazendo estas considerações sobre os cuidados de amor na vida espiritual, queremos chamá-los à campanha gloriosa pela maioridade na comunidade espírita. Cada centro espírita ou templo erguido em nome da mensagem do Evangelho é um celeiro que pode se tornar uma célula de redenção e construção do prazer de viver. A aplicação dos princípios que norteiam o Hospital Esperança pode constituir, igualmente, um conjunto de princípios orientadores para tratar as dores do homem no mundo físico.

Em nossas enfermarias, nos grupos de reencontro[5] e na tribuna da humildade,[6] os sentimentos mais estudados são: medo, culpa, tristeza, mágoa e orgulho. Que maior missão pode ter uma casa espírita do que presentear o homem do mundo com a orientação para que ele próprio seja o condutor de seu destino e construtor de sua própria felicidade?

Sem esperança, a humanidade procura uma luz, uma saída para suas dores. Façamos de nossos centros as *Casas do Caminho* da atualidade. Tenhamos ali uma maca para aliviar as dores morais e um banco de escola para iluminar o cérebro e o coração com as luzes da instrução e do afeto.

Estamos vindo de muito longe para identificar Jesus em nossa vida. Longe de Deus, longe do bem... Famintos, buscamos alimento novo em pleno deserto das provações.

Renascemos no corpo e dele saímos com a sensação de fracasso, abandono e tristeza pelo que fizemos. O renascimento, todavia, ocorre porque temos chances de reerguer nossos passos, ainda que com forças mínimas. Por que a tormenta agora, quando tudo conspira para um futuro promissor?

Amigos na vida física, em vez de perguntarem "por quê", perguntem "para quê".

---

5   *Escutando sentimentos,* autoria espiritual de Ermance Dufaux e psicografia de Wanderley Oliveira, Editora Dufaux.
6   *Lírios de esperança,* autoria espiritual de Ermance Dufaux e psicografia de Wanderley Oliveira, Editora Dufaux.

Sim! Façam um balanço de suas escolhas. Verifiquem como podem fazer tudo ficar melhor. Ocupem suas mãos e prossigam sem lamentar. Lamentação é depressão.

Viajem! Ponham os pés na terra. Curtam o sol. Sirvam. Sequem lágrimas. E orem, orem sem cessar, todos os dias.

Uma pessoa centrada nos ensinos do Evangelho e nos processos mentais de seu comportamento é um ser identificado com seus valores e habilidades. Quando não conseguimos atingir este estado, temos duas extremidades psicológicas perigosas. De um lado, a arrogância para nos defender da sensação de inferioridade; do outro, a descrença como um reflexo da nossa incapacidade de lidar com os sentimentos de medo, culpa e tristeza.

A vida nos espera com o prazer de viver e de sermos felizes. Abandonemos a tirania de querer agradar a todos. Uma pessoa que quer vencer usa duas armas poderosas: a inteligência para criar saídas e a humildade para submetê-las ao critério de Deus. Somente com soluções o caminho se recompõe.

Vamos recordar novamente uma frase de Eurípedes Barsanulfo, que merece lugar de destaque nos centros espíritas: "Aqui mora a fé, a sublime qualidade dos que jamais deixarão de acreditar na força superior do bem".

Essa frase foi escrita nas portas do Hospital Esperança, para que todos os que passarem por lá tenham condições de lê-la. Ela é o contrário da que está escrita às portas das furnas infernais, segundo os registros fiéis de Dante Alighieri, em *A Divina Comédia*, no livro *Inferno*, canto III, em que pode ser lido um poema destruidor da fé humana. Seu último verso diz: "[...] deixai toda esperança, *vós que entrais*".Concedam-se o direito de ser feliz. Vamos adiante, certos de que há muito mais alegria nos céus no êxito de um arrependido que em 99 pessoas que já vieram com o coração recheado de esperança.

Esperança é o alimento de quem vem de longe e, como diz o versículo de Jesus, Ele não nos deixará seguir em jejum. O alimento existe. Sempre existirá.

Com este intuito, o Mestre indagou: "[...] Quantos pães tendes?" E disseram-lhe: "Sete".Vamos dar o que temos e a vida nos brindará com o melhor.

Esperança é a energia que preenche o coração e nos faz sentir que todos, sem exceção, somos Filhos de Deus, dotados, portanto, dos mais ricos recursos para superar todas as nossas provas e capazes de caminhar em direção da nossa libertação definitiva.

Felicita-nos saber que o mundo físico receberá mais uma obra generosa por parte de Ermance Dufaux.

Neste tempo de busca do prazer ilusório, a reflexão sobre o prazer de existir é muito bem-vinda.

Meus apontamentos, a título de introdução, têm apenas o intuito de chamar a atenção para a inadiável missão entregue aos discípulos sinceros do Cristo: "Vós sois o sal da terra; e se o sal for insípido, com que se há de salgar? Para nada mais presta senão para se lançar fora, e ser pisado pelos homens".[7] Rogamos a Jesus, Mestre e Senhor de nossas vidas, que essas linhas multipliquem a esperança e fortaleçam a fé de muitos, para que, o quanto antes, tenhamos dias melhores na Terra, nutridos pela mais completa alegria de viver.

Da servidora do Cristo e amante do bem,

Maria Modesto Cravo

Belo Horizonte, agosto de 2008.

---

[7] Mateus 5:13.

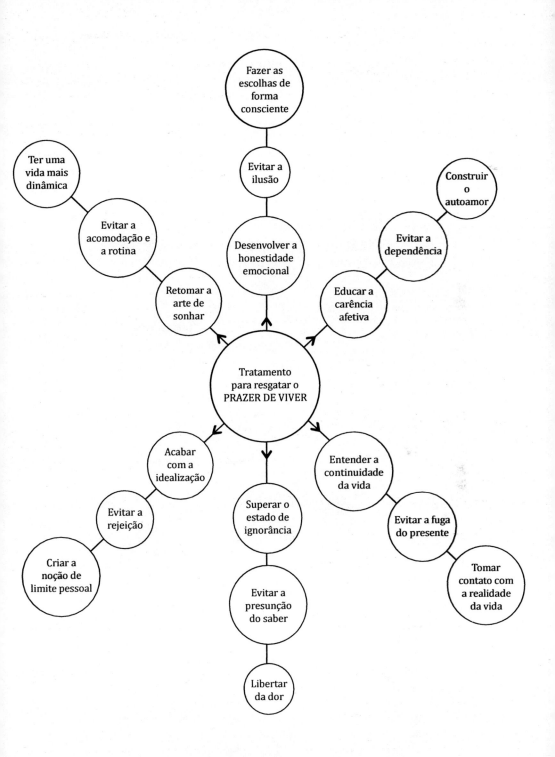

"Muito se pedirá àquele a quem muito se houver dado, e maiores contas serão tomadas àquele a quem mais coisas se haja confiado."

(Lucas 12:48)
O Evangelho segundo o Espiritismo, capítulo 18, item 10.

[Capítulo 1]

Sob a luz da esperança

É lastimável o número de seguidores do Cristo tombados no derrotismo por conta de crenças que estabelecem uma vida mental atormentada.

Verificam-se, com certa frequência, algumas crenças que ganharam popularidade na comunidade doutrinária, como as características desejáveis a um verdadeiro espírita: alma com conhecimento bastante para não se deixar cair em depressão, criatura que só pode acertar, pessoa que deve agradar a todos, espírito que não pode perder tempo e deve ser rápido em suas conquistas.

É claro que essas crenças, quando utilizadas com sensatez, podem se tornar desejos educativos. Entretanto, raros conseguem se adaptar, espontaneamente, a esses modelos de comportamento eleitos como referência de autenticidade espírita. Aliás, os que procuram atender a essas propostas de fora para dentro tombam na negação de seus sentimentos, causando danos a seu equilíbrio.

A colocação evangélica é clara: "Muito se pedirá". Entretanto, a mente derrotista nutre-se de mensagens inconscientes de cobrança e condenação, que fazem o sentimento interpretar essa colocação como: "Muito será cobrado".

Imperioso acender a luz da esperança no coração humano, abandonando imposições e cobranças.

Não existe queda nem falência nas Leis Universais. Existem resultados, efeitos das escolhas e ações. Tudo é preparo, impermanência e misericórdia.

Muito será pedido! De fato, a vida pede constantemente atitudes de amor e cooperação.

Somente para o espírito que não aprende com seus erros é que existem a frustração, o vazio e a sensação de fracasso.

Discípulos do Espiritismo, prestem atenção no foco em que depositam suas esperanças de felicidade e plenitude, a fim de não criarem um clima de martírio voluntário.

Várias pessoas sinceras e motivadas pelo ideal de servir e aprender se rendem às suas provas e dores particulares, acreditando que somente após a morte encontrarão a libertação. Transferem para a vida dos espíritos uma expectativa de alívio e salvação em razão do sofrimento de cada dia.

Toleram provas difíceis passivamente, sem a mínima iniciativa que possa defendê-los ou restaurar as energias diante dos golpes dolorosos dos testes. Afirmam que resgatam carmas e prosseguem contando os dias para que algo ou alguém venha acabar com seus dramas.

Desacreditam totalmente na possibilidade de solução e de novos caminhos, sobrecarregando-se de exigências e obrigações. Descreem que possam ser felizes tanto quanto possível ainda na Terra.

Sofrer por sofrer não liberta. Tolerar por tolerar não educa. Não será a intensidade dolorosa das provas que transformará as inclinações e nos libertará das algemas conscienciais.

A dor que redime não é aquela que é tolerada com a revolta, mas a que é vivenciada com constante busca pelo melhor a cada instante, jamais desistindo de encontrar a solução em si mesmo para as lutas do caminho. Sem isso, é a morte da esperança.

Amigo querido, a reencarnação é um atestado de que você foi matriculado na escola do livre-arbítrio para o recomeço, distanciando-se da influência dominadora dos processos de sintonia e atração que vigem fora do corpo. Essa é a primeira condição para desenvolver a singularidade que lhe é peculiar.

Não devemos transferir para o mundo dos espíritos livres da matéria as aspirações mais nobres de realização e alegria.

Diante do momento pelo qual a Terra atravessa, e por causa do nível espiritual de seus habitantes, quase todos os que reencarnam levam aproximadamente metade de sua existência para iniciar o processo de descoberta de seu real valor perante a vida, recriando essa autoimagem para o campo da realidade e definindo-se em suas particularidades.

Nesse momento rico da alma, o autoamor determina o clima emocional de sua vida, estimulando a construção de sentimentos enobrecedores que sirvam para sua renovação nas dificuldades do aprendizado.

Devemos acreditar na felicidade possível e edificar a crença lúcida em aspirações de harmonia.

Não é o outro que nos atormenta, mas a forma como gerenciamos o mundo das emoções diante dos gestos de agressão ou descaso.

Não é o corpo abençoado que nos desanima, mas os sentimentos de baixa autoestima que nos consomem até a exaustão.

Não é a profissão singela que nos sobrecarrega, mas a forma como conduzimos nossos desejos íntimos de crescimento nas conquistas materiais.

Não são as perdas que nos preocupam, mas o hábito obstinado de posse que nos causa a ilusória sensação de segurança na vida.

Não é a crítica que nos fere, é como reagimos a ela.

As provas, em si mesmas, são circunstâncias da vida aferindo o seu valor. A forma como reagimos é nossa nota de aproveitamento.

Confiemos na nossa decisão de ser feliz e cuidemos com perseverança desse ideal de paz.

Mereçamos ser felizes pelo cultivo de nossos valores. Fechemos os ouvidos às mensagens externas e internas que falam sobre quedas e tropeços nos dias futuros.

Mereçamos ser felizes nutrindo nossa mente com ideias e projetos luminosos que constituam sonhos de alegria e desejos de harmonia.

Recordemos que a vida pede, não cobra.

A crença, para ser sólida e verdadeira, requer trabalho e construção ativa na intimidade. A crença na felicidade é um trabalho difícil para a conquista da autonomia, realização incansável no bem e humildade nas correções necessárias.

Façamos uma avaliação sincera à luz da consciência. Tomemos por base o seguinte princípio: "Recolhemos da vida somente aquilo de que precisamos e o que merecemos". A partir desse foco, perceba sua parcela íntima e individual nas dificuldades que o atormentam. Investigue com persistência a natureza das solicitações que a vida o endereça. Ao descobrir este lugar mental, você encontrará muitas respostas e horizontes.

Ninguém e nenhuma situação podem prejudicá-lo e fazê-lo infeliz sem o seu consentimento.

Na vida espiritual, os que desistiram de seus sonhos enquanto estavam na Terra, alimentando expectativa de descanso e pausa em suas lutas após a morte, colheram amarga decepção ao perceberem que a vida terrena é o solo fértil para a semeadura do bem e das conquistas eternas, e não um tribunal de quitações impostas pela dor.

O fim útil das provas é a melhoria, e não o padecimento. E melhoria significa aprender a amar a si mesmo, cuidando de defender-se da descrença que lhe roubam a alegria e, sobretudo, a esperança, com a qual, a cada minuto, poderá sustentar o clima interior do otimismo e da certeza na vitória.

"Sofrer por sofrer não liberta. Tolerar por tolerar não educa."

"O dever íntimo do homem fica entregue ao seu livre-arbítrio. O aguilhão da consciência, guardião da probidade interior, o adverte e sustenta; mas, muitas vezes, mostra-se impotente diante dos sofismas da paixão."

(Lázaro, Paris, 1863)
O Evangelho segundo o Espiritismo,
capítulo 17, item 7.

[Capítulo 2]

Meia-idade, a travessia ao encontro da esperança

Pesquisas realizadas por instituições de nosso plano asseguram que, aproximadamente, 85% dos reencarnantes levam a metade do tempo de suas reencarnações para começarem a se identificar com seu planejamento reencarnatório, isto é, com suas reais e mais profundas necessidades de aprimoramento espiritual.

Não é sem razão que na meia-idade, período considerado por alguns especialistas como a faixa etária dos 35 aos 55 anos, homens e mulheres atravessam crises de intensa reavaliação da existência. Psicologicamente, é a fase em que o inconsciente lança ao consciente todas as experiências dolorosas não curadas na infância e na juventude. Um fenômeno natural do amadurecimento do ser. Crenças e valores são sacudidos drasticamente sob o vendaval das transformações inadiáveis, para que possamos desenvolver a mais cobiçada das conquistas humanas: o prazer de viver.

Fatores de ordem espiritual regulam a natureza desse autoencontro. Independentemente de qualquer variável, esse ciclo da existência é marcado por uma crise sem precedentes. Para quem se encontra adormecido nas zonas de conforto, ela vem de fora, por meio de dolorosos solavancos da vida que chegam em forma de perdas, doenças e provas diversas. Para os que já vêm examinando seu mundo pessoal, ela chega como angústia e depressão, provocando escolhas e exames mais cuidadosos de si mesmo. Nessa aparente desordem que será criada a trilha particular de cada qual. O prazer de viver poderá surgir neste contexto como a mais ansiada das conquistas do Ser em crescimento, desde que se tenha persistência em buscar algumas respostas a perguntas fundamentais:Quem somos nós? O que queremos da vida? Qual a nossa principal missão diante da reencarnação? O que fazer para descobrir o caminho que nos levará ao encontro do nosso mapa pessoal de crescimento e libertação? Para que realizamos as coisas que fazemos? Para que vivemos? Como deixar de ser quem pensamos que somos? Como dar sentido à nossa existência para preencher o vazio que, muitas vezes, consome a criatura humana nas mais sofridas provas da descrença e do desconsolo? Quais as trilhas criadas pelo Pai para cada um de nós? Como conquistar o prazer de viver diante dos severos regimes impostos pela expiação?

Depois que o homem e a mulher percorrem o trajeto básico das vitórias na família, na profissão, na educação de filhos ou nas realizações sociais, vem esse momento da meia-idade e nos devolve a nós mesmos. A ocupação principal é a busca da vitória interior.

Entretanto, neste importante momento de avaliações, ocorrem as mais lamentáveis fugas e os mais tristes quadros de desistência. Em outras palavras, é no exato momento em que tudo conspira para um renascimento que muitos desistem de encarar. Na hora de recomeçar a existência, ela acaba para a maioria. Ela é aposentada no momento em que está apenas começando.

Esmagadora porcentagem daqueles que reencarnam gastam dois terços da vida se consumindo em atitudes e escolhas que tornarão miserável o último terço. Retornam ao corpo e dele saem com a aterrorizante sensação de vazio. Vivem para sobreviver e sobrevivem sem se realizar. Esse é o conceito de expiação: almas presas em si mesmas, sem capacidade para exercer suas vocações, sem saber quem são, sem poder ou sem querer fazer o que gostariam, ou mesmo o que deveriam, em favor de sua própria paz.

Fomos criados para sermos felizes e superarmos as nossas provas. A reencarnação significa um sublime endosso de Deus ao nosso recomeço. É uma nova chance para continuar. Essa oportunidade é concedida pelo Pai, mas o recomeço é com cada um de nós. Reencarnar é com Deus, renascer é conosco.

Eis o segredo do verdadeiro prazer de viver: reconhecer que somos os escultores de nosso destino e as únicas criaturas responsáveis por emperrá-lo ou direcioná-lo para alcançar o ideal de ser feliz.

O prazer de viver acontece quando o coração é preenchido de esperança. Com a esperança, tornamo-nos mais realizadores, espontâneos e menos racionais.

Prazer de viver é saber tolerar as frustrações, transformando-as em ferramentas para a construção de virtudes.

É entender os recados divinos que se escondem nos sentimentos mais temidos pelo homem, tais como: inveja, orgulho, medo, mágoa e culpa. Eles são pistas emocionais excelentes sobre nossa realidade pessoal.

É entender que a crise da meia-idade significa não só o desafio das descobertas dolorosas, mas o convite da vida para tomarmos posse dos talentos e das vocações que se escondem no mundo inconsciente de nós mesmos.

A meia-idade é por demais sacrificial para não nos levar a lugar algum. Sua direção divina é a mais sublime conquista das pessoas livres e felizes. Essa é a sua recompensa. A dor da travessia solitária é o preço que a vida solicita para atingirmos o nosso melhor instante diante da reencarnação.

O doutor Carl Gustav Jung asseverou: "Inteiramente despreparados, embarcamos na segunda metade da vida [...], damos o primeiro passo na tarde da vida; pior ainda, damos esse passo com a falsa suposição de que nossas verdades e ideais vão servir-nos como antes. Mas não podemos viver a tarde da vida de acordo com o programa de sua manhã – pois o que foi grande pela manhã vai ser pouco à tarde, e aquilo que pela manhã era verdade, à tarde se tornará mentira".[8]

Segundo Jung, as verdades ideais nessa busca pelo prazer de ser e existir irão desmoronar. A maior perda será a da pessoa que achávamos que éramos. É a morte da autoilusão. A desilusão do que pensamos sobre nós, será, por certo, um dos maiores desafios nesse circuito de amadurecimento.

Crenças serão sacudidas, valores serão repensados, frustrações reaparecerão, medos emergirão na intimidade, a noção de dever será ampliada, o certo e o errado serão questionados, a culpa pode aparecer com intensidade surpreendente, mas, em muitos casos, ela simplesmente deixará de existir, colocando-nos para pensar na razão de seu desaparecimento.

Como assevera Lázaro: "O dever íntimo do homem fica entregue ao seu livre-arbítrio".[9] Seremos entregues a nós mesmos para decidir o que queremos da vida e seremos colocados em situações externas e internas desafiadoras para usarmos o livre-arbítrio, como seres que se candidatam a proprietários eternos dos seus destinos, conquistando a sublime recompensa de se libertar da prisão da dependência e da submissão que, há milênios, nos faz criaturas infelizes com a própria vida.

A travessia solitária da meia-idade só pode ser transposta de mãos dadas com a esperança. A esperança de que só

---
[8] *The stages of life* – Collected Works of CG Jung – 8, § 339.
[9] *O Evangelho segundo o Espiritismo*, capítulo 17, item 7, Allan Kardec, Editora FEB.

existe um estado para ser alcançado: a felicidade. Quem atravessa a noite psicológica da desilusão haverá de trazer sempre na alma a certeza de que, logo adiante, nos espera o melhor dos nossos dias. Por essa razão, se quisermos encurtar o caminho, evitemos a pressa.

A pressa cria fugas espetaculares e inteligentes que só nos farão mais angustiados. Na crise espiritual da meia-idade, conseguiremos visualizar nítidas expressões do futuro. Entretanto, nem sempre o futuro visto é imediato. Tais vislumbres podem terminar em pressa e atropelo. Eis por que a travessia pede calma. Já será bom saber que amanhã chegaremos aonde conseguimos enxergar. A vida, porém, é realidade, e não suposição. É preciso calmaria para saber a hora de decidir e escolher. Por outro lado, tenhamos sensatez, pois muitas dessas percepções determinarão decisões para agora, a fim de que o amanhã seja construído satisfatoriamente.

Saber quem somos e qual é nossa missão particular na existência, nos faz criaturas solitárias. É um percurso que faremos desacompanhados para atingir a individuação.

A lição da solidão foi o ápice da vida de Jesus no calvário. Entregue à pesada cruz na qual seria crucificado, carregou-a resignadamente, aceitando com determinação a subida para o encontro com o Divino. Ele guardava lúcida compreensão daquele momento decisivo.

Enquanto muitos interpretam o calvário como um instante de tristeza, nele vemos o roteiro da maturação espiritual. Apesar da dor, logo vem a liberdade. É uma caminhada singular para cada um de nós, um convite intransferível para a aquisição da maior conquista das pessoas felizes e conscientes – existir em plenitude com a vida.

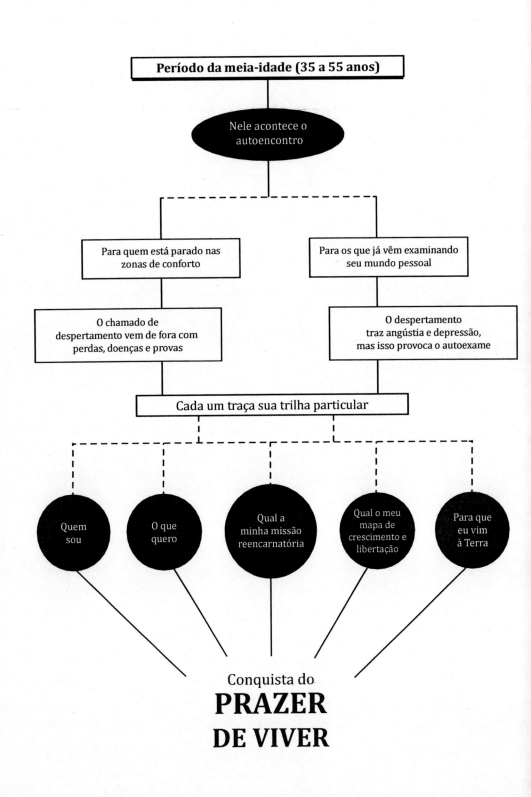

"Independentemente de qualquer variável, esse ciclo da existência é marcado por uma crise sem precedentes."

"O homem pode suavizar ou aumentar o amargor de suas provas, conforme o modo por que encare a vida terrena."

O Evangelho segundo o Espiritismo,
capítulo 5, item 13.

[Capítulo 3]

O poder da resignação

Quanta amargura, desistência, revolta e fantasia têm cultivado a maioria dos homens reencarnados, por não saberem construir sentidos espirituais elevados às suas provações?

Qual conquista será maior para a alma na Terra do que a compreensão sagrada dos objetivos de todos problemas e experiências?

Somente quem sabe dar significado santificado a cada lance de dor ou a cada benefício do caminho pode avaliar a importância dessa vitória.

A forma de encarar a vida deveria ser tema de urgente aprofundamento dos trabalhadores espíritas. Com todo carinho e respeito, sugerimos uma urgente revisão de conceitos com relação à afirmativa de que o espírita possui uma fé racional. Se isso fosse verdade, teríamos uma conscientização e um comprometimento mais amplos com a causa que abraçamos, e melhores reações perante os testemunhos e os sofrimentos.

Temos ainda uma fé embrionária e sufocada por conceitos antigos do religiosismo, com forte inclinação para um conjunto de preceitos incontestáveis.

A fé racional inicia-se quando passamos a encontrar no campo mental alguns recursos elaborados pela arte de meditar sobre nós mesmos. Ao compreender melhor o que ocorre com a vida interior, capacitamo-nos cada vez mais para avaliar os propósitos divinos nas ocorrências que nos cercam.

Outro traço marcante de que a fé racional começa a se desenvolver no campo dos nossos sentimentos se dá quando deixamos de colecionar certezas sobre a vida. Mais do que nunca, na etapa evolutiva que assinala nosso progresso, somos convocados a revisar, reciclar, analisar por outro ângulo, repensar ideias, reavaliar métodos, renovar posturas perante pessoas e fatos. A certeza instituída é, quase sempre, acesso à zona de conforto.

O momento de vida na Terra nos convida a aprender como conviver com as incertezas acerca de tudo à nossa volta. Uma parte do sentimento de segurança vai se desenvolver na forma de conduzir nossas ações, e as palavras controle, disciplina e planejamento serão usadas dentro de uma ótica de constante relatividade. Quando necessário, seremos chamados a repensar conceitos, a fim de que haja dinamismo em nossos projetos de vida.

Assim se expressou Allan Kardec sobre o assunto: "A fé necessita de uma base, base que *é a* inteligência perfeita daquilo em que se deve crer. E, para crer, *não basta ver*; é preciso, sobretudo, *compreender.*"[10]

A aquisição dessa fé conduz o Espírito ao estado de resignação, que lhe permite a harmonia diante da dor e dos testes existenciais.

A resignação é o conjunto de habilidades que nos possibilitam uma visão otimista da vida, por meio de escolhas conscientes e de uma conduta de autoamor, distante da postura de vítima e do sentimentalismo. Crenças sadias, capacidade de adiar gratificações pessoais e sentimento de gratidão, são as principais habilidades que conduzem o homem a ser resignado.

---

10   *O Evangelho segundo o Espiritismo*, capítulo 19, item 7, Editora FEB.

O homem que busca a paciência diante dos desafios e contrariedades vai adquirindo o hábito de pensar na vida, é alguém dotado de uma força propulsora e calmante. Essa condição lhe permite escolher com inteligência e equilíbrio a forma adequada de reagir e agir em turbulências, imprevistos e provas. Essa força realizadora, independente das condições adversas, é o resultado do desapego de seus próprios conceitos, é o espírito de prontidão da alma que sabe que a todo instante, na vida corporal, estará sendo chamada a novos aprendizados que vão abalar suas certezas, convocando-a a rever muitas de suas convicções.

Os resignados possuem mais saúde e resistência às dores da vida, são mais desprendidos e encontram sempre boas soluções para suas provas. Possuem metas, mas sabem lhes dar cursos maleáveis, conforme a necessidade. Sofrem, todavia, procuram a utilidade sagrada do sofrimento e dão significado educativo e libertador aos mais dolorosos dramas. Dessa forma, podem experimentar o cansaço, a raiva, a perda, a ansiedade e o medo, mas jamais cruzam os braços, e continuam firmes em busca das soluções. Essa é a chamada resignação ativa, dinâmica, educativa, pródiga de resiliência.[11]

Bem diferente é aquele que entende resignação como tolerar sofrimento em silêncio, aguentando a vida. Ele tolera a dor, resiste e briga com ela, quando, na verdade, ele deveria se entender com ela. Ele obedece aos imperativos da dor, razão pela qual asseverou o espírito Lázaro: "A obediência é o consentimento da razão; a resignação é o consentimento do coração [...]".[12] Na obediência, cumprimos o dever

---

[11] Resiliência é a capacidade de superar adversidades aprendendo com elas. É o poder de superação. O termo vem de uma propriedade da Física sobre a capacidade que os corpos têm de voltar à sua forma original, depois de submetidos a um esforço intenso.

[12] *O Evangelho segundo o Espiritismo*, capítulo 9, item 8, Allan Kardec, Editora FEB.

imposto pela consciência; na resignação, vamos além e transformamos o dever em degrau de ascensão, livrando-nos do amargor e da crueldade das expiações.

Hoje, além das provas adicionais ou voluntárias que poderiam ser evitadas, temos de considerar o tema "acréscimo voluntário de sofrimento nas provas necessárias", ou seja, a adição dispensável de dor pela ausência da resignação. Em razão do apego a coisas e pessoas, negócios e pontos de vista, as dificuldades dos testes são ampliadas pela forma rebelde de reagir.

Cada problema de nossa vida tem objetivos bem definidos pela sábia providência de Deus. Vivê-los sem entender seus fins é o mesmo que sofrer por sofrer. Eis a razão da oportuna advertência de Lacordaire, quando diz: "Mas, ah! poucos sofrem bem; poucos compreendem que somente as provas bem suportadas podem conduzi-los ao reino de Deus. O desânimo é uma falta. Deus vos recusa consolações, desde que se vos falte coragem".[13]

Ser resignado não significa viver sem sofrer ou negar o sofrimento. Essa recusa inconsciente dos sentimentos é uma defesa perante as agressões da dor. É um mecanismo defensivo que alivia a angústia do nosso sofrer. Contudo, os que são verdadeiramente resignados vão mais além, e colocam-se fora do alcance da mágoa e da revolta, em função do poder de aceitação e da compreensão que surge da análise positiva que fazem sobre suas experiências, seus valores e suas imperfeições.

O escritor inglês Aldous Huxley afirmou: "Experiência não é o que acontece a você. É o que você faz com o que acontece a você".

---

13   O Evangelho segundo o Espiritismo, capítulo 5, item 18, Allan Kardec, Editora FEB.

Sem dúvida, a resignação é o caminho para ser feliz, porque felicidade é uma questão de construção íntima de quem tem a visão iluminada sobre o existir. E quem aprende a existir adquire a sabedoria de compreender e aceitar.

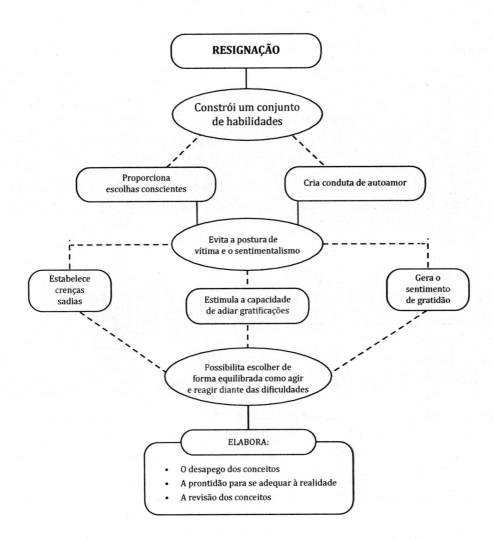

"Em sua origem, o homem só tem instintos; quando mais avançado e corrompido, só tem sensações; quando instruído e depurado, tem sentimentos."

(Lázaro, Paris, 1862)
O Evangelho segundo o Espiritismo,
capítulo 11, item 8.

[Capítulo 4]

Humanização, uma proposta de educação emocional

Agir por instinto é conduzir-se por impulso, sem consciência das forças internas e externas movimentadas em nosso ser, para que nos comportemos desta ou daquela maneira.

Mesmo já vivendo no reino hominal, expressiva parcela da humanidade tem dispensado a sua real condição evolutiva, mantendo-se na animalidade.

Apesar dos avanços da inteligência, a maioria dos homens do século 21 age conforme seus velhos antecessores da era instintiva. Apesar de possuir a vontade e a capacidade de escolher pelo raciocínio, ainda é guiado, com muita frequência, pelo instinto.

Frases como "sei que devo fazer assim, só não sei explicar o porquê"; "ninguém me ensinou isso, apenas sei que deve ser assim"; e "fiz isso, mas nem sei o motivo" demonstram claramente condutas instintivas ou de imitação, nas quais a razão não toma parte.

Humanizar é nos promovermos à condição de administradores ativos dos valores superiores que se encontram em nosso interior. É vencer esse automatismo que nos impede de colocar a inteligência a serviço do crescimento integral. É utilizar a informação para efetuar a nossa transformação.

Entre os valores divinos dos quais somos herdeiros, podemos encontrar o sentimento – conquista tecida em milhões de anos nas experiências da sensibilidade estimulada. No entanto, como assegura o codificador na referência anterior, somente quando a instrução e a depuração se alinham é que temos o sentimento.

Na atualidade, é evidente o desajuste entre o pensar e o sentir. Por isso, um conceito prático e urgente de humanização aplica-se à tarefa de nos educarmos emocionalmente para a aquisição de maior soma de domínio e conhecimento do mundo emotivo.

Humanizar é perceber o outro e reconhecer o que ele sente, é estar em relação educativa com ele. Reflitamos sobre esse enfoque!

O ego é a fonte dos condicionamentos milenares refletidos na inteligência. A consciência é a expressão de Deus presente nos sentimentos, sendo esses o espelho da presença do Pai em nós. O estado de fixação no ego restringe-se a pensar o outro, ou seja, a elaborar uma ideia do que o outro seja, muito distante do que ele realmente é, gerando expectativas e cobranças nas relações, enquanto a humanização desenvolve o estado de consciência, dinamizando nosso patrimônio do afeto na relação com o outro. Só há relação quando há troca, intercâmbio de impressões e forças sutis, identificando com clareza o que sentimos pelo outro e como vibra o coração do próximo.

A base da humanização inclui a tolerância que necessitamos ter uns com os outros no terreno de nossas heranças espirituais. Quando entramos no processo de pensar o outro, criamos imagens mentais que geram expectativas de perfeição, cobrando exatidão e boa conduta alheia. São projeções do ego que manifestam um mecanismo de proteção e têm por objetivo amortecer o peso das nossas imperfeições pessoais.

Ninguém pode ficar negando o que sente e esperar ser feliz. Quando estamos no estado do ego, temos inúmeros mecanismos de defesa que nos levam a limitar a visão espiritual para as imperfeições que carregamos. Esses mecanismos agem pelo aprisionamento dos sentimentos. Temos usado alguns deles ao longo das reencarnações, criando verdadeiros esconderijos psíquicos nos quais procuramos nos recolher em busca de uma falsa segurança.

Nos humanizarmos é vencer essas defesas instintivas, assumirmos a luta contra nosso complexo de inferioridade espiritual e partir para um trabalho permanente de melhoria e aprimoramento, vencendo nossos medos, frustrações, culpas e outros tantos desafios emocionais.

Queremos fazer reforma íntima pelo intelecto mudando somente os pensamentos, enquanto a reforma à luz do espírito é saber como se tornar senhor dos valores que estão em nossa intimidade desde a criação. Somos herdeiros de vivências que pulsam com vivacidade em nosso ser. Ansiar por uma reforma interior repentina, ou esperar isso do próximo, é violentar nossa natureza íntima. Queremos sentir o que não estamos preparados nem sabemos como sentir. Como perdoar? Quais as origens do sentimento de insegurança e de culpa? São inúmeras as questões que deveremos formular sobre o universo emotivo!

O autoamor nos leva a nos aceitar como somos e, com base na proposta de educação espiritual, a buscar com autenticidade os caminhos de libertação e paz. As condições da felicidade são: saber quem somos, saber lidar com nossas forças afetivas e adquirir domínio sobre elas. Isso requer uma grande atitude de tolerância.

O apelo do Mais Alto pela humanização na seara espírita será providência saudável pelo bem da nossa causa e de nós próprios. Humanizar é, sobretudo, aprendermos a conviver com a diversidade da qual o outro é portador e também desenvolvermos uma relação pacífica com a vida que nos cerca. Conduta simplesmente impossível se não passarmos a esquadrinhar as emoções vividas a cada encontro e reencontro, a cada acontecimento e experiência de nossos dias, uns com os outros.

Um desafio nos aguarda no campo da **reeducação**. Estamos sendo convocados a aprender como cultivar o **interesse** pelos outros, entendendo-os como criaturas **de Deus**.

Temos pela frente o trabalho de romper a **barreira** do ego e de nos abrirmos para a vida abundante. **Eis a questão** central de nossas reflexões: como renovarmos o **sentimento de interesse** pessoal para o sentimento de **interesse universal**? Como fazer para sentirmos a Terra como **nossa grande casa** e a humanidade como extensão da nossa **família**?

O projeto de humanização do movimento **espírita** é uma proposta concreta de amor, um desafio **de nos colocarmos** mais perto do nosso próximo, de fazermos **com que** a mensagem espírita seja mais importante que **as práticas**, que valorizemos mais a causa do que a casa, **um apelo** para que haja mais sorrisos de ternura e menos **convenções** institucionais, menos papéis sociais e mais amor **espontâneo**.

O centro espírita, assim como as diversas **instituições** doutrinárias, está sendo convidado a se **promover à praça** fraterna de convívio libertador, superando os **atuais** conceitos de estudo doutrinário e exercício da **caridade**. Estudar, sim, mas para aprendermos a viver, fazendo das atividades esclarecedoras um contexto que retrate a realidade social na qual estamos inseridos, trazendo o mundo de fora para dentro, conduzindo-nos às reflexões e preparando-nos para viver como homens de bem. Além disso, ampliarmos a noção de caridade como prática de doações para a noção educativa do exercício do amor entre aqueles que realizam a tarefa.

Humanizar é focarmos no coração. É temperarmos nossa convivência com emoções de alegria e gratidão, dando encanto e luz aos nossos momentos uns com os outros, diante dos lances da vida.

Dia virá em que o homem perceberá que nada existe de mais lúdico e enobrecedor que conhecer pessoas. Desvendar o mundo de sonhos e o imaginário individual que está arquivado em cada ser. Conhecer a origem das histórias de dor e de amor de cada criatura. Nesse instante, o conceito de prática espírita passará a ser um processo de aproximação afetiva, e o interesse central de quem participa dele será romper as barreiras que nos separam de quem quer que seja. É o aprender e crescer com todos.

Jesus, o maior agente de humanização que passou pela Terra, deixou claro em Seu magnífico discurso que Seus discípulos seriam conhecidos por muito se amarem.[14] A que proposta maior de humanização podemos aspirar?

Devemos aceitar, o quanto antes, esse desafio de aprendermos a amar e buscarmos respostas sobre como realizar os nossos anseios mais nobres que começam a brotar e sobre como superar os nossos instintos. São essas respostas que nos levarão ao encontro de nós mesmos, solidificando o amor dentro de nós.

E, somente assim, gostando um pouco mais de nós, descobrindo nossa intimidade ignorada, instintiva e automatizada, é que desenvolvemos sentimentos novos e fortes que nos levarão em direção ao outro, construindo a Era do Afeto, tornando-nos felizes e integrados ao sistema de equilíbrio que sustenta o Universo. Instruídos e aprimorados, seremos a expressão do amor de Deus.

---

14   João 13:35.

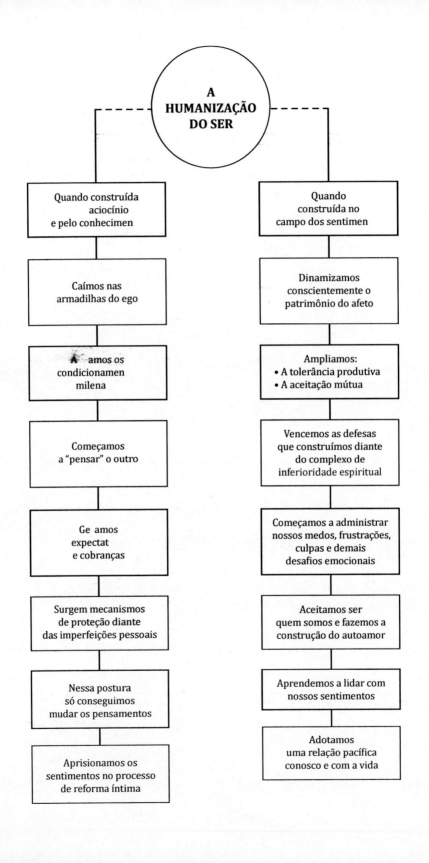

["Humanizar é promovermo-nos
à condição de administradores
ativos dos valores superiores que
se encontram em nosso interior."]

"A revolução que se apresta é antes moral do que material. Os grandes Espíritos, mensageiros divinos, sopram a fé, para que todos vós, obreiros esclarecidos e ardorosos, façais ouvir a vossa voz humilde, porquanto sois o grão de areia; mas, sem grãos de areia, não existiriam as montanhas."

O Evangelho segundo o Espiritismo,
capítulo 1, item 10.

[Capítulo 5]

Sopro de esperança

V enâncio, aplicado trabalhador da mediunidade, refletia sobre a tarefa realizada naquela noite enquanto caminhava de volta para o seu lar. Pensava sobre os socorros prestados aos necessitados desencarnados:

"Fico feliz pelas bênçãos em favor dos habitantes das regiões inferiores; no entanto, não consigo entender completamente a iniciativa. Para que tanta atenção dos amigos espirituais aos desencarnados em detrimento da dor que campeia aqui mesmo no mundo dos encarnados? Porventura a dor na erraticidade será maior? Não haverá meios próprios de amparar esses irmãos que derraparam no mal sem a nossa participação? Não seria mais educativo o amor ao próximo que podemos tocar e abraçar aqui mesmo na Terra? As pressões têm se intensificado e fico a refletir se valem a pena mesmo ou se são apenas projeções anímicas de nossas necessidades pessoais enquanto médiuns! Será que posso mesmo ajudar diante de tanta dificuldade que ainda carrego?".

Venâncio caminhava e refletia intensamente. As perguntas se multiplicavam. As dúvidas sadias invadiam seus sentimentos. Era um médium disposto a aprender e não se contentava com poucas respostas, mas não se permitia chegar ao clima da descrença. Ao chegar em casa, fez breve lanche, orou e dormiu. Fora do corpo, esperava-o a jovem benfeitora da atual reencarnação, aguardando-lhe a emancipação pelo sono.

— Amiga querida! – disse o médium já fora da matéria. — Creio que acompanhou minhas últimas reflexões antes de adormecer. Poderia me esclarecer sobre as dúvidas que tenho?

— Sim, meu filho! Suas dúvidas são preciosas reflexões da alma que anseia pelo crescimento. A dúvida, quando cultivada sem se tornar rigidez, é avanço e progresso. O que não devemos é torná-la um estado mental parado e direcionado para a criação de pensamentos fixos e confusos. Assistimos, nesta noite, às entidades chamadas Vibriões. Uma diversidade de situações envolve esses atendimentos. Faremos uma pequena viagem astral para mostrar-lhe algo oportuno.

Venâncio e sua benfeitora percorreram os espaços em suave volitação, até chegarem a um lar que se situava na mesma rua do centro espírita em que trabalhavam. À porta, algumas entidades das atividades de vigilância estavam atentas e os cumprimentaram discretamente. Já passava da meia-noite, e na sala se encontrava uma esbelta mulher, encarnada, baforando um cigarro.

— Esta é Gisele – falou a benfeitora – tem quarenta anos, é mãe de duas jovens, Ana e Clarisse. É uma promotora de justiça muito bem-sucedida que se ligou em negócios ilegais e graves do crime organizado. Logo que entrou para as experiências das causas criminais, conheceu Alceu, um juiz sem escrúpulos, com quem se envolveu afetivamente. Com atitudes de abandono, Gisele pôs a perder o seu casamento. Um tanto enfraquecida com a ruína no lar, passou a ser chantageada por Alceu, que já a havia comprometido na carreira da corrupção. Arrependida, mas sem forças para se libertar, rendeu-se ao peso da ganância, única forma que enxergou de recompensar suas perdas. Acordos infelizes, propina e muito sexo a derrubaram de vez no campo dos "ideais nobres". Graças à tarefa socorrista desta noite, pudemos desligar três vibriões de seu sistema nervoso, que agiam como medusas na mente de Gisele. Ela iria se matar esta noite, mas agora temos nova chance de auxílio, pois conseguimos expressivo alívio psíquico para ela.

Dizendo isso, a benfeitora mostrou um revólver calibre trinta e oito debaixo de um sofá e as balas jogadas no lixo, demonstrando a desistência do ato exterminador.

— Quer dizer então que a assistência aos vibriões-medusa a livrou do suicídio? – indagou o médium.

— Não somente do autoextermínio, mas de uma longa sequência de outros problemas que se desdobrariam. Transferimos ao seu campo mediúnico e aos de outros dois médiuns os parasitas psíquicos de Gisele, custando-lhe a pressão mental sofrida nestas últimas quarenta e oito horas. Todavia, eis aí o resultado do esforço de todos do grupo mediúnico em mais esta noite de misericórdia no intercâmbio entre mundos.

— E para onde foram levados os enfermos espirituais?

— Estão na enfermaria astral do centro espírita. Eurípedes virá buscá-los mais tarde e levá-los para as dependências do Hospital Esperança.

— Vejo de forma mais ampliada as minhas perguntas de agora há pouco.

— Sim, Venâncio. Esse é o propósito da visita. Estamos em esferas diversas de vida; entretanto, não podemos ignorar as intervenções vibratórias entre as duas dimensões, a criar um ecossistema variável em plena interação entre mundos, um "ecopsiquismo" de relações. Ao higienizar os abismos, alivia-se as tensões do mundo; ao abençoar alguém na vida física, provocam-se repercussões nas faixas vibratórias da espiritualidade. Essa é a ordem dos princípios universais que determinam a solidariedade como lei inquestionável.

— Na minha limitada visão, essas criaturas assistidas nas atividades noturnas eram trazidas somente da erraticidade!

— Na verdade, Venâncio, esses casos são os mais raros nos trabalhos socorristas da mediunidade. Quase sempre as atividades são vinculadas e destinadas às lutas no plano físico. A maioria desses vampirizadores já se encontra grudada nas pessoas em francas obsessões. Outras vezes são imantados aos médiuns, circunstancialmente, em razão do altíssimo poder de atração da mediunidade, sendo justo dizer que nem sempre são os médiuns que os recebem, mas eles é que recebem os médiuns. Essa transição é uma etapa que significa abertura de novos canais, de horizontes ampliados. Desde o surgimento do Espiritismo na Terra nada mais impediu o progresso do ser e os destinos humanos direcionam-se, aceleradamente, em busca da paz, embora os homens ainda não façam essa sensata comparação.

Olhando para a moça, indagou o aprendiz:

— E como ela ficará no futuro?

— Olhe o que está guardado em seus papéis naquela pequena escrivaninha...

Quando o servidor foi verificar, entendeu o que aguardava aquela mulher. Era um pequeno folheto de um centro espírita vizinho convidando para as reuniões de amor. Então, concluiu a benfeitora:

— O futuro de Gisele está nesse pequeno sopro de esperança.

"Quantas dissensões e funestas disputas se teriam evitado com um pouco de moderação e menos suscetibilidade!"

O Evangelho segundo o Espiritismo,
capítulo 5, item 4.

[Capítulo 6]

Raízes do melindre

O melindre pode ser considerado um estado afetivo de exagerada sensibilidade de quem se sente ofendido.

No estudo das doenças psíquicas, vamos encontrar o quadro da fragmentação, que significa a quebra do pensamento, ou seja, a ausência de conexão harmoniosa nos raciocínios. Algumas situações emocionais dos transtornos afetivos são causadoras desse processo. Quando a mente se fixa nas experiências do passado, desenvolvendo sentimento de culpa, estado de remorso, mágoa e saudosismo, estabelece-se um circuito de recordações no qual ela se aprisiona em processo de repetição, punindo-se com pensamentos doentios acerca do que já aconteceu. Por outro lado, quando faz projeções para o futuro, criam-se as expectativas, os medos e a ansiedade.

Temos aí um deslocamento mental decorrente da insegurança vivida pela pessoa, em forma de imaginações e fantasias. Nesses dois estados vive-se o passado e o futuro, mas não se vive o presente, que é o único momento que nos foi divinamente concedido para existir: o agora. Os pensamentos alternam-se entre o saudosismo e a idealização, e podem direcionar o comportamento para doenças graves da mente, cuja característica é o bloqueio do afeto em relação aos fatos da vida presente.

Essa fragmentação da vida mental é responsável por uma série de desordens na dinâmica dos sentimentos, porque passamos a analisá-los como se olhássemos para um retrato de nós mesmos cortado em inúmeras partes e esparramado pelo chão. Olhamos para aqueles pedaços e identificamos nossa imagem; todavia, ficamos com o desejo de remontá-la sem saber como começar.

Essa é a mesma sensação que experimenta quem deseja reconstruir sua vida emocional. Uma sensação de impotência e ausência de referência sobre como conduzir a capacidade de sentir. Consideremos essa comparação do retrato, na qual muitos retalhos dessa imagem pessoal se encontram em compartimentos muito profundos da subconsciência, embora estes estejam plenamente em atividade, espalhando sobre a vida mental consciente todas as suas forças influentes.

O melindre é um campo adubado para a semeadura da mágoa, e mágoa é o sentimento de revolta perante o inesperado, mantendo a mente aprisionada à lembranças enfermiças do passado ou à fantasias futuras de revide em evidente processo de fragmentação.

Quase sempre essa enfermidade da alma tem raízes na infância, embora possamos encontrá-la em etapas diversas das reencarnações, pelo desenvolvimento de vários hábitos que tornam o ser intensamente vulnerável. Esses hábitos têm como matriz o egoísmo.

Podemos também encontrar causas ocasionais do melindre na vida presente, na existência de traumas ou pequenos incidentes em vivências específicas da vida que nos tornaram muito sensíveis para aquelas questões.

Crianças excessivamente cobradas na infância tornam-se adultos perfeccionistas que não querem conviver com a frustração e a crítica, pois elas são dolorosas e desagradáveis. Para essas pessoas, errar e ser criticado são sinônimos de ser menos amadas, pois aprenderam com os pais que só eram queridas quando cumpriam as exigências e expectativas deles, ou então porque desenvolveram a crença de que somente sendo impecáveis poderiam ser aprovadas.

Nessa etapa inicial da vida, fragmentaram o seu pensamento. Passaram a estabelecer conexões imprecisas de suas reações com aquilo que estava sendo transmitido. Infelizmente, em muitos casos, as crianças são humilhadas e agredidas com emoções fortes e traumáticas por parte de muitos pais que, em vez de corrigi-las, as ofendem.

Depois, já adultas, quando criticadas ou contrariadas, reagem conforme o que aprenderam. Mesmo que as advertências sejam de boa fonte e para o seu bem, tendem a recebê-las como desaprovação, inimizade, traição, cobrança e exigência descabida. A partir de então, os sentimentos apresentam-se como em um caleidoscópio: uma fragmentação de cores que não se combinam – uma diversidade de sentimentos indefinidos e em desordem.

Quem vive centrado no momento presente não tem medo de seus sentimentos, sabe revelá-los a si e aos outros sem constrangimento, porque aprendeu a lidar com suas imperfeições em clima pacífico e tolerante. Consequentemente, quando se sente ofendido, reage com naturalidade e sabe que atitude tomar. "Por que me ofendi?" Essa intrigante interrogação é o roteiro de autoexame nas propostas reeducativas.

Eis uma questão educativa para os que trabalham no intercâmbio entre homens e espíritos: Por que tanto melindre na atitude dos médiuns quando são corrigidos para seu próprio crescimento?

Nas origens de muitas atitudes de melindre, desenvolvem-se interesses nos ofendidos. Com relação ao médium imperfeito, sabemos que "[...] se mostram o que obtêm, é para que seja admirado e não para que se lhes dê um parecer".[15]

---

15   *O livro dos médiuns*, capítulo 16, item 196, Allan Kardec, Editora FEB.

A análise de Erasto é perfeita para muitos casos de médiuns. Nas múltiplas causas do melindre, encontramos também aqueles que usam a mediunidade como um palanque pessoal, para o cultivo do vício do prestígio.

Nesse mesmo trecho de *O livro dos médiuns*, encontramos este texto: "Geralmente, tomam aversão às pessoas que os não aplaudem sem restrições e fogem das reuniões onde não possam se impor e dominar".[16] Se forem advertidos ou chamados a integrar a tarefa com consciência e discrição, ofendem-se e criam todo um conjunto de medidas para se defenderem, podendo desequilibrar todo o grupo em razão de suas pretensões individualistas.

Apesar das análises psicológicas da nossa sensibilidade, não nos iludamos em acreditar que somente pelo esforço autoeducativo o melindre poderá ser vencido.

É oportuna a criação de relações sadias, ricas de afeto e sinceridade para formar ambientes confiáveis, onde o portador do melindre resgatará a confiança também em si mesmo e em seus valores, adquirindo melhor nível de autoestima que, em muitos casos, foi subtraído no período infantil. Ele passará então a aceitar a crítica, a avaliação e a corrigenda, estabelecendo uma reprogramação no seu subconsciente e percebendo que suas atitudes podem ser aferidas sem que seja menos amado pelos outros.

Médiuns, em qualquer etapa de suas tarefas, aceitem de bom grado as considerações sobre sua produção mediúnica e, mesmo no caso de julgamentos apressados ou interesseiros, tenham muita calma para receber as ideias alheias sobre sua tarefa. As reações intempestivas de indisposição ou contestação podem ser sinais da presença sutil do melindre.

---

[16] *O livro dos médiuns*, capítulo 16, item 196, Allan Kardec, Editora FEB.

Não é a qualidade da crítica que pode ajudar ou não, e sim a capacidade de lidar com nossas reações emocionais. Com autoamor sempre encontraremos recursos para adotar uma atitude sadia, construindo a plenitude e a alegria.

Ter experiência, longo tempo no cargo, cultura pessoal, ser espírita de berço ou, ainda, ter a aprovação da maioria, não são garantias de que não cometeremos erros ou critérios de segurança que garantam a qualquer pessoa a realização de uma tarefa livre das interferências inferiores.

Somente a qualidade do desejo de aprender seguida da disposição de servir incondicionalmente são os créditos com os quais poderemos contar para criar o mínimo de segurança e bem-estar para sermos melhores. Portanto, não devemos nunca perder de vista o conceito dos Sábios Orientadores: "O melhor é aquele que, simpatizando somente com os bons Espíritos, tem sido o menos enganado".[17]

---

17   *O livro dos médiuns*, capítulo 20, item 226, 9ª pergunta, Allan Kardec, Editora FEB.

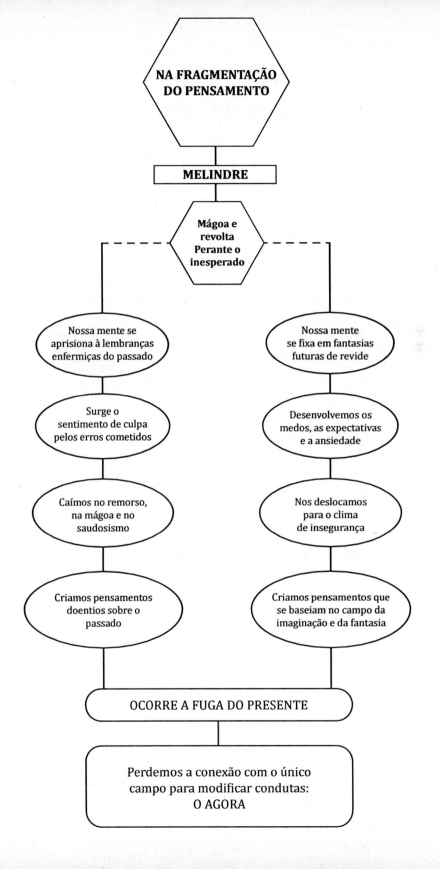

"Assim não deve ser entre vós; ao contrário, aquele que quiser tornar-se o maior, seja vosso servo; e aquele que quiser ser o primeiro entre vós seja vosso escravo [...]"

(Mateus, 20:20 a 28).
O Evangelho segundo o Espiritismo,
capítulo 7, item 4.

[Capítulo 7]

Sentimento inconfessável

A inveja é um mecanismo mental originado no egoísmo, que tem por objetivo a disputa neurótica para nos colocar em uma condição de superioridade em relação a alguém. Constitui uma atitude de não aceitação e desajuste com a nossa real condição interior.

Interessar-se em possuir algum bem material ou qualidade moral que observamos em nosso próximo é um desejo sadio de crescimento, um estímulo para novos aprendizados e esforços. Há nisso uma busca do exemplo inspirador. É a inveja criativa e impulsionadora.

No entanto, quando ela surge com a presença da frustração, da aversão, da ameaça e do sentimento de inferioridade que nos causam mal-estar, então temos a condição invejosa. Nesse contexto, o próximo é analisado como um rival vitorioso.

Suas conquistas nos incomodam e nos fazem sentir pequenos. O brilho alheio nos assusta. Então, partimos para atitudes defensivas com as quais procuramos diminuir a luz alheia.

Ao sentirmos a inveja, mesmo sendo ainda aprendizes da causa do amor, ela se mascara nas formas mais complexas no intuito de ocultar nossa vergonha por senti-la. Nós a consideramos um sentimento inconfessável.

Em verdade, deveríamos nos alegrar pela ampliação de ideias e caminhos para o Espiritismo por meio das expressões criativas de trabalho do outro, mas quando estamos apegados às conquistas doutrinárias, sentimo-nos ameaçados ao despontarem projetos e ideias apreciáveis nascidos na mente alheia.

Ainda desconhecemos os efeitos do próprio bem e de como lidar com ele. Por isso, nossas realizações doutrinárias ainda nos causam uma sensação, natural até certo ponto, de vitória e maioridade moral. Apegamo-nos a elas com a ilusão de êxito e libertação plenos. A alegria da conquista ultrapassa a linha do equilíbrio e se transforma em conduta orgulhosa. Tudo isso ocorre porque estamos há tanto tempo afastados do prazer de sermos bons que, ao experimentá-lo, sentimo-nos as melhores e maiores criaturas da vida.

Existem sistemas inteiramente alicerçados na inveja, reunindo muitas pessoas cujo propósito é abafar quaisquer manifestações que não brotem de suas estruturas.

Diversas organizações sofrem os efeitos indesejáveis da inveja que se manifestam nas atitudes autoritárias e controladoras de seus dirigentes, que evitam a qualquer custo aceitar que alguém brilhe mais do que eles mesmos.

"E chegou a Cafarnaum, e, entrando em casa, perguntou-lhes: Que estáveis vós discutindo pelo caminho? Mas eles calaram-se; porque pelo caminho tinham disputado entre si qual era o maior."[18]

O comportamento do espírito adoecido pelo egoísmo repete-se nos dias presentes. Competição e ciúme, inveja e arrogância são sentimentos velados nas relações dos novos discípulos de Jesus, iluminados pela Doutrina Espírita. Negá-los não nos impedirá de colhermos os aspectos negativos de seus frutos. Teremos de assumir diante da consciência a natureza da nossa disputa. Esse é um doloroso ato de coragem e descoberta interior.

Quanta dissensão e melindre, quanto fracasso e obsessão por conta da competição velada entre trabalhadores!

---

18   Marcos 9:33-34.

A competição continua na sutileza das atitudes humanas. Os estímulos da mídia e da sociedade competitiva, somados à experiência dos caprichos pessoais, levam muitos a disputar os primeiros lugares e o fazem por meio de combates envernizados onde não há abertura para o entendimento, criando um clima de pouca amizade e desentendimentos dispensáveis nos quais o diálogo sincero, seguido da honestidade emocional, poderiam evitar.

"Na verdade é já realmente uma falta entre vós, terdes demandas uns contra os outros. Por que não sofreis antes a injustiça? Por que não sofreis antes o dano?"[19]

A inveja é um dos sentimentos que menos confessamos a nós mesmos. É uma propriedade psicológica do egoísmo e não percebemos sua ação em nós. É uma das várias estratégias do ego para nos manter protegidos da terrível sensação de fraqueza, impotência e inferioridade.

Invejamos o que o outro tem ou o que ele é quando não amamos ainda o que temos e somos. Se não nos amarmos, passaremos a fazer comparações sistemáticas. Apenas se nos compararmos com nós mesmos, em relação ao nosso trajeto de aperfeiçoamento na vida, é que nos sentiremos valorosos e gratificados. Se nada construímos de útil e bom, possivelmente só nos resta a humildade de assumir nossa condição e começar um caminho novo. Invejar não resolverá o vazio que sentimos por não subir os degraus do crescimento que já gostaríamos de ter conquistado.

A solução é ouvir nossos sentimentos com honestidade moral. Permitir-nos sentir e estudar a inveja, descobrindo suas nascentes e camuflagens.

Alguns pontos podem nos auxiliar:

- Assumir que competimos e descobrir as causas profundas desta atitude.

---
[19] 1 Coríntios 6:7.

- Compreender que não fazemos isso propositadamente. Não escolhemos ser invejosos, vivemos um processo resultante de milênios.

- Nossa intenção nobre está preservada independentemente de quaisquer descobertas dolorosas sobre nossas imperfeições. Somos mais o que intencionamos do que o que fazemos.

- Os erros decorrentes de nossas atitudes na inveja oculta devem ser analisados sem culpa, buscando a reparação e o olhar para o futuro. Que eles sirvam de lições para não incorrermos naqueles mesmos desvios.

- Manter exames periódicos sobre as investidas da inveja em nossa conduta e tomar providências imediatas para sua transformação.

- Prestar atenção na ansiedade e na compulsão pelas tarefas para não cair no automatismo ou na ausência de reflexão educativa. Não confundamos sacrifício com ansiedade. A verdadeira tarefa espírita não está fora de nós, mas em nosso íntimo. Está nas lições pessoais e intransferíveis que realizamos com Deus em nossa consciência.

O princípio originário da inveja está assentado na Lei Natural de Conservação. "É natural o desejo do bem-estar. Deus só proíbe o abuso, por ser contrário à conservação. Ele não condena a procura do bem-estar, desde que não seja conseguido à custa de outrem e não venha a diminuir-vos nem as forças físicas, nem as forças morais".[20]

Aprender com o sucesso alheio, ter metas de progresso material, compreender as aptidões que admiramos nos outros, respeitar a experiência e nos alegrarmos com as vitórias dos outros são caminhos da admiração, que é a direção educativa para os sentimentos diante dos valores que nos cercam na convivência. São estímulos para crescer.

---

20 *O livro dos espíritos*, questão 719, Allan Kardec, Editora FEB.

Somente os que se amam e conhecem seus potenciais, valores e aptidões olharão a vida e o próximo com alteridade, prezando as diferenças e reconhecendo que cada um deve florescer onde e como se encontra, descobrindo sua missão gloriosa perante a vida, distante do ato de invejar.

Nessa descoberta, tecida nos fios do autoamor, alcançaremos a condição superior exposta por Allan Kardec: "O homem não procura elevar-se acima do homem, mas acima de si mesmo, aperfeiçoando-se".[21]

---

[21] *O Evangelho segundo o Espiritismo*, capítulo 3, item 10, Editora FEB.

- Estamos no estado íntimo do egoísmo
- Sentimos inveja diante das vitórias alheias
- Buscamos alguma condição de superioridade
- Não nos aceitamos como realmente somos
- Vivemos em um clima que gera ameaça, frustração e aversão à nossa realidade
- Temos um profundo sentimento de inferioridade
- Neste contexto todos são nossos rivais vitoriosos
- Desconhecemos os efeitos do bem em nós
- Aos poucos conseguimos o resgate da autoaceitação
- Para mudar este ciclo precisamos do autoconhecimento
- Buscamos ajuda em diálogos e entendimentos sobre nossas potencialidades
- Começamos a construir nossa honestidade emocional
- Passamos a nos comparar a nós mesmos e não aos outros
- Buscamos fazer o nosso melhor

CONSEGUIMOS NOS SENTIR SATISFEITOS CONOSCO

"O objetivo da religião é conduzir a Deus o homem. Ora, este não chega a Deus senão quando se torna perfeito. Logo, toda religião que não torna melhor o homem, não alcança o seu objetivo [...]."

O Evangelho segundo o Espiritismo, capítulo 8, item 10.

[Capítulo 8]

Projetos de religiosidade na promoção humana

Religiosidade é o conjunto de atitudes, ideias e sentimentos afinados com as diretrizes das leis divinas ou naturais.

Por comparação, consideremos o sentimento como sendo o templo interno da nossa busca de Deus realizada pelo coração, e as atitudes, como o altar sagrado de nossa comunhão com Ele. Para o encontro com o Pai não nos bastará a permanência no templo dos sentimentos sem as ações realizadas no bem. Se os bons sentimentos são fonte de equilíbrio, as atitudes são as chaves libertadoras para os mais amplos voos no rumo da conscientização.

É indispensável resgatar essa noção de religiosidade em prejuízo do nosso indesejável religiosismo milenar, acabando com o apego a rígidas estruturas religiosas arquivadas nos porões da mente. A aceitação voluntária à religião universal da caridade é a fonte de permanente revitalização do afeto e do amor. Com ela, adquirimos o espírito renovador que resgatará as atitudes de simplicidade e alegria para nossas casas espíritas, desenvolvido na convivência educativa.

O pensamento religioso como uma natural formação cultural ainda é grande no que diz respeito a projetar as ações do centro espírita. Todavia, nossas casas de consolo são convocadas a se promover a centros educativos da alma. A prolongada fixação nas atitudes de consolar sem apresentar os roteiros de libertação, oferece campo para a estagnação e o fanatismo. A tarefa do centro espírita não deve se limitar a amenizar as lutas humanas. A humanidade precisa de educação tanto quanto de conforto afetuoso. Não basta aliviar as dores, é indispensável ensinar a construir a felicidade.

Ao refletir sobre a advertência de Bezerra de Menezes, perguntemos: "Como assumir esse compromisso de tornar a casa doutrinária uma escola capacitadora de virtudes e formadora do homem de bem?".

O benfeitor propõe um caminho: "Elaboremos um programa educacional centrado em valores humanos para dirigentes, trabalhadores, médiuns, pais, mães, jovens, idosos e o apliquemos conforme as bases da Doutrina".[22]

Em todos os tempos, os projetos de religião sempre compareceram organizando as comunidades e propondo metas, e foi por falta de projetos de religiosidade que essas organizações se desviaram de seus sagrados objetivos educativos. Ainda que contabilizem conquistas apreciáveis no terreno da orientação e da promoção humana, nossas instituições espíritas também podem avançar muito mais por meio da criação de ambientes renovadores que sejam ricos de humanismo e distantes da padronização.

A sociedade moderna pede diretrizes mais claras, com linguagem apropriada ao contexto e às práticas que sintonizem o homem com seus sentimentos. Nenhum projeto educacional pode desconsiderar a singularidade humana, ser contraproducente, sob análise construtivista, e aderir a convenções que se baseiam na rigidez, estrangulando a criatividade e a alteridade.

Os núcleos doutrinários da atualidade têm como urgente e indeclinável tarefa auxiliar o ser humano na matriz de todas as suas doenças, a doença-mãe chamada "doença do sentido", que é a incapacidade de dar um

---

[22] *Seara bendita*, psicografado por Maria José da Costa e Wanderley Oliveira, Diversos Espíritos, Editora Dufaux.

significado útil e prazeroso à sua vida. O tema "fé" deve constituir o centro desse curso de autoamor e despertamento da sensibilidade.

A propósito, o que é a fé? Como desenvolvê-la? É algo inato ou passível de desenvolvimento? Por que a fé é tão importante para dar um sentido à existência? O que tem impedido o homem de utilizar sua fé? Até onde a religião é útil para a fé? Qual a relação entre fé e religiosidade?

Como entender a colocação: "Inspiração divina, a fé desperta todos os instintos nobres que encaminham o homem para o bem?"[23]

O prazer de viver está intimamente conectado a esse tema. O prazer de viver é a maior conquista das pessoas livres, felizes e conscientes. Muitos espíritas estão exemplarmente integrados nos projetos religiosos sob enfoque da doutrina, mas ainda não conquistaram a alegria de existir, o prazer de ser o que são, o sorriso de ternura e a vibração da paz.

O tempo passa, e a reencarnação também. Assim, permanece a proposta de fazer de cada um de nós o roteiro de luz e felicidade que irradiará para os homens a mensagem elevada da imortalidade e do amor. Ergamos as trincheiras do desapego dos conceitos e pontos de vista. Acompanhemos o vento renovador de bênçãos que atinge a nossa seara, e vigiemos para não cair nas malhas da inércia.

Mais atitudes humanizadoras que purismo filosófico.

Mais laços de afeto com o próximo que amor à doutrina.

Nossas reflexões podem parecer um tanto fora da realidade para alguns, mas foram todas inspiradas na palavra e na ação de pessoas que souberam materializá-las, em reencarnações vitoriosas, na história do Espiritismo brasileiro, e que, segundo eles, constituirão o núcleo do movimento espírita do século 21, na preparação do milênio da regeneração humana.

---

[23] *O Evangelho segundo o Espiritismo*, capítulo 19, item 11, Allan Kardec, Editora FEB.

Devemos lembrar que o engano de fantasiar a Verdade foi o que nos levou a dois mil anos de desprezo à proposta de Jesus, que somente agora começamos a valorizar. Portanto, não será demais afirmar que, quando não conseguimos concretizar o amor em atitudes, a tendência é escravizá-lo a belos raciocínios com o intuito de aliviar a nossa consciência e adiar um tanto mais nosso tempo de amar.

Nossa causa é o bem vivido e sentido. É injustificável qualquer receio em inverter esta ordem e priorizar a defesa aos princípios doutrinários que estão consolidados no inconsciente coletivo da humanidade cada dia mais. Infelizmente, muitos substituíram a fraternidade por convenções, mas eles próprios pagam um severo preço. Amargam intimamente a dificuldade das provas por meio dos sentimentos de dúvida e adiam as suas chances pessoais de romper com as envelhecidas barreiras entre o que pensam que são e aquilo que realmente os espera no país da verdade imortal.

Teremos de mencionar sempre o amor, já que ainda não conseguimos incorporá-lo em nossas atitudes. Se deixarmos de mencioná-lo, nós o esqueceremos de vez.

Recordemos com a própria Doutrina Espírita que o conhecimento será instrumento disciplinador das emoções, mas somente a convivência construída por gestos de amor será a nossa libertação na vida futura.

Trabalhemos todos pelos ideais de aproximação e convivência salutar, ajustando-nos na transformação por meio dos princípios do homem de bem. Trabalhar com atitudes cristãs nas atividades espíritas é adquirir créditos na expansão da Boa-Nova para toda a humanidade.

Construamos espaços de legítima unificação nos núcleos espiritistas a se realizarem pelos vínculos sagrados da amizade e do interesse renovador.

Definamos novos parâmetros que nos inspirem o projeto de religiosidade no carinho espontâneo, e que essas sejam as metas perseguidas nos dias vindouros de nosso trabalho espiritual:

- Unidade por meio de sentimentos elevados.
- Pureza expressa nas intenções.
- Supremacia por via do consenso.
- Coesão por meio das atitudes.

Sem isso, será fazer do Espiritismo mais uma religião que poderá terminar enquadrada no alerta do codificador: "[...] toda religião que não torna melhor o homem, não alcança o seu objetivo".[24]

---

24   *O Evangelho segundo o Espiritismo*, capítulo 8, item 10, Allan Kardec, Editora FEB.

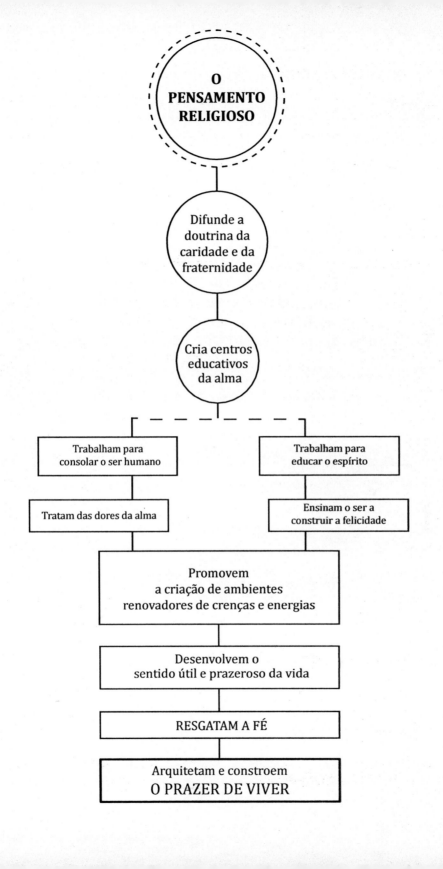

"A verdadeira caridade não consiste na esmola que dais, nem, mesmo, nas palavras de consolação que lhe aditeis. Não, não é apenas isso o que Deus exige de vós. A caridade sublime, que Jesus ensinou, também consiste na benevolência de que useis sempre e em todas as coisas para com o vosso próximo."

O Evangelho segundo o Espiritismo,
capítulo 11, item 14.

[Capítulo 9]

Significado da caridade

Caridade! Ela é a alma da vida na criação porque alimenta o Universo pela cooperação e permuta. Caridade é o movimento sublime da alma na construção do bem. Entendê-la como simples ato da obrigação ou agendado para beneficiar alguém ou alguma obra será limitar seu conceito cósmico. Caridade é ação educativa. Mas nem sempre ela tem nos educado, reduzindo-se ao amparo que alivia dores e necessidades e não ultrapassa o aspecto de simples dever social conferido a todos na humanidade.

Antes de tudo, a ação no bem é estímulo e experiência para quem a pratica. Do contrário, restringe-se a exercícios de doação para afrouxar sentimentos. É meritória, mas está distante do significado sagrado que foi descrito por Adolfo, bispo de Argel, na inspirada poesia que diz: "Caridade! Sublime palavra que sintetiza todas as virtudes, és tu que hás de conduzir os povos à felicidade."[25] Constatam-se frequentemente, em nossos ambientes educativos do Espiritismo, várias almas distraídas quanto aos deveres mais profundos na avaliação e no proveito pessoal. Empenhamo-nos em movimentos espetaculares de filantropia, alimentando sonhos de grandeza espiritual para depois da morte, como se obtivéssemos garantia automática de redenção e paz interior. Ninguém pode, em sensato juízo, afirmar que exista alguma ação no bem que não tenha proveito. Reflitamos,

---

[25] *O Evangelho segundo o Espiritismo*, capítulo 13, item 11, Allan Kardec, Editora FEB.

porém, que as expectativas e o entendimento de muitos, já esclarecidos pelas orientações doutrinárias, entram no campo da ilusão por esperar saltos evolutivos no Além em razão dos pequenos passos de desapego que apenas começaram a dar. A decepção assusta tais espíritos quando libertos da matéria. Constatam que fizeram luz para muitos, mas não conquistaram sua luz pessoal e intransferível.

A luz que espalhamos aos outros sempre será avalista dos mais valiosos créditos de amparo para nós nos planos físico e espiritual, mas não constitui garantia de defesa contra as investidas do mal que ainda brotam da nossa intimidade.

A transformação dos impulsos infelizes e o desenvolvimento de valores nobres são as únicas credenciais de autoridade e harmonia no trajeto da Terra para o mundo espiritual.

Milhões de almas bem-intencionadas e solidárias encontram-se em estágio de dor no mundo espiritual devido à negligência com a qual se portaram diante dos mais singelos deveres morais de cidadania, saúde e conduta. Entre elas, encontram-se muitos espíritas devotos das atividades assistenciais.

A caridade material é regime abençoado no exercício do afeto e da empatia, auxiliando o homem a se libertar do egoísmo. Só que, em razão de nossas lutas interiores, esse aspecto da caridade pode nos acostumar facilmente ao automatismo e à obrigação que, acrescidos das deformadas noções de quitação de carmas pelos serviços assistenciais, arruínam excelentes chances de crescimento, autoavaliação e desenvolvimento de habilidades.

Conforme assevera Isabel de França na citação acima: "A caridade sublime, que Jesus ensinou, também consiste na benevolência de que useis sempre e em todas as coisas para com o vosso próximo".[26] A caridade em bom conceito é interesse emocional positivo para o outro. O ato verdadeiro da

---

26   *O Evangelho segundo o Espiritismo*, capítulo 11, item 14, Allan Kardec, Editora FEB.

caridade encerra em si a benevolência, que é o sentimento de amor ao semelhante no que há de mais puro e singular. Somente nesse nível emocional nobre poderemos nos beneficiar igualmente da ação caridosa, atingindo a finalidade maior do exercício no bem que é consolidá-lo em nós além do que pudermos realizar pelo outro.

O bem tem de ser bom e gerar valores, antes de tudo, para quem o faz.

Uma reflexão merece a atenção de todos nós nas tarefas abençoadas de amor ao próximo: acima das práticas, devemos colocar o relacionamento. A ilusão tem dilatado e incentivado ideias de salvacionismo fácil por meio de práticas que algumas vezes não passam de mecanismos do ego para aplacar a ansiedade de destaque e de prestígio de pessoas que ainda se encontram em vivências personalistas.

Sem nenhum sentimento de desrespeito, com estima e carinho, fica nosso convite para uma reavaliação com objetivos de melhoria em todas as nossas iniciativas doutrinárias em nome do bem. Quem não admite a possibilidade de melhora e mudança nos roteiros de ação doutrinária possivelmente terá estacionado no proveito individual nas realizações que exerce, e ainda pode estimular outros à estagnação.

Repensemos com proveito nossas tarefas de amor. Tomemos por base um dos conceitos mais completos nesse tema:

> "Qual o verdadeiro sentido da palavra caridade, como a entendia Jesus? – Benevolência para com todos, indulgência para as imperfeições dos outros, perdão das ofensas."[27]

---

27   *O livro dos espíritos*, questão 886, Allan Kardec, Editora FEB.

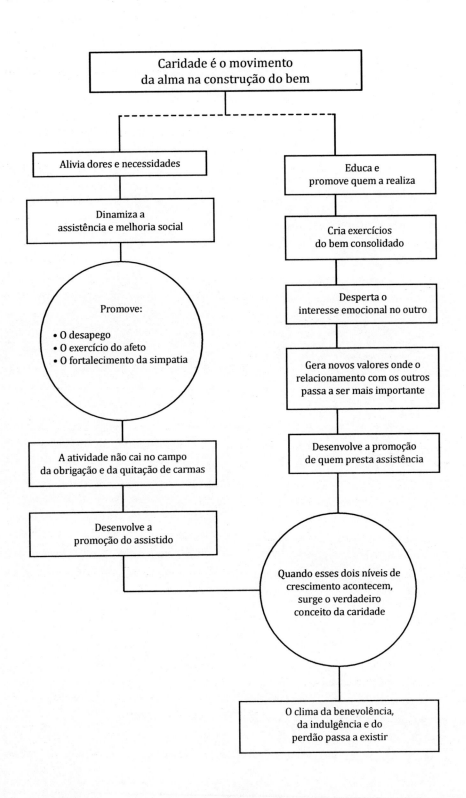

"O bem tem de ser bom e gerar valores, antes de tudo, para quem o faz."

"A calma e a resignação hauridas da maneira de considerar a vida terrestre e da confiança no futuro dão ao Espírito uma serenidade que é o melhor preservativo contra a loucura e o suicídio."

O Evangelho segundo o Espiritismo,
capítulo 5, item 14

[Capítulo 10]

Autoperdão, força para recomeçar

Temos uma ala no Hospital Esperança, construída em plena natureza, na qual são realizadas atividades de apoio aos suicidas em recuperação. Nesses círculos de amor, trabalhamos o valor da vida por meio de depoimentos e de técnicas de sensibilização dos sentimentos nobres. O objetivo é que todos aprendam a tratar com respeito os seus atos impensados, adquiram domínio interior e honestidade emocional.

— Meus irmãos, Maria Clara será nossa expositora nesta ocasião. Vamos ouvir seu depoimento rico de lições para todos nós – falou dona Modesta, acolhendo-a com um abraço carinhoso.

— Vou falar como sei, já que me encontro longe dessa condição de expositora. Já disse isso à dona Modesta. Não me sinto com a mínima autoridade para ensinar qualquer coisa, especialmente sobre o assunto que vou falar.

— Fale de seu coração, minha filha – atalhou a orientadora amiga.

— Dizem que os que se matam fazem isso para se livrar de um acontecimento infeliz. Isso é um engano! Fazemos isso para nos livrar de nós mesmos. O suicídio é apenas mais uma decepção que se soma ao conjunto de insatisfações que colecionamos. Livramo-nos realmente da vida física e dos problemas periféricos que consomem nosso pensamento; no entanto, não nos livramos do que sentimos. Quem se suicida não está se matando, já morreu há muito tempo.

Clara parou de falar, olhando para o chão, envergonhada de si mesma. Dona Modesta, imediatamente, a incentivou:

— Cabeça erguida, Clara! Fracasso, minha filha, só existe para quem nada aprende com seus próprios erros. Não é o seu caso – disse dona Modesta, com firmeza.

— Desculpem-me pela vergonha! Vou continuar... O ato suicida apenas elimina o corpo de quem, na verdade, já decretou sua falência moral. Somente estando na vida espiritual para poder dimensionar com exatidão a dor dos que já morreram por dentro. O pior dessa morte é querer deixar de existir e não ser possível. O suicídio é a decisão desesperada de quem não está pulsando com a vida. Não matamos a nós mesmos por covardia ou para pôr fim a algo; matamo-nos porque não sabemos como existir, como resgatar o sopro de vida dentro de nós.

Perambulei por centros e mais centros espíritas e só ouvi sentenças sobre carma e obsessão, doença e ruína. Como garimpar o diamante da vida no lodo de minhas incompreensões e negativismo? Envergonhava-me quando estava em contato com os amigos de doutrina, porque não conseguia esboçar sequer um sorriso de gratidão. Hoje, um pouco mais refeita das dores intensas que me agrediam o coração, percebo com clareza a severidade do que significa essa morte interior.

Procurei quem pudesse ouvir minha dor com o coração; entretanto, o que recebi foram doutrinações e reprimendas pelo que sentia. Não encontrei em nossos ambientes de amor quem me ajudasse a sustentar o perdão que não conseguia oferecer a mim mesma. Ou quem tivesse respeito pelo que eu sentia e soubesse me tratar como doente e incapaz.

Procurando incentivar a explanadora, dona Modesta piscou e fez um aceno positivo no balançar da cabeça.

— Já encontrei pessoas que, mesmo tendo matado o corpo, gostariam de se matar novamente em espírito. Entretanto, sentem-se totalmente incapazes. No caso do corpo, basta uma lâmina, um corrosivo. Mas como se mata o ser espiritual? Por isso existem os vales da amargura e da perdição emocional. Eu os conheço de perto. Lá se juntam almas por pura afinidade, reunindo a miserável sobra de força para que, aglomeradas, suportem a si mesmas. Comparemos semelhantes locais a campos onde a fome é tão cruel que todos se alimentam de pequenas migalhas de suprimento, sendo obrigados a se desnutrir até que não tolerem mais as crises de loucura e passem a se agredir em busca do que lhes falta.

— Fale de seu drama pessoal, minha filha. Quem se perdoa pode levantar em público as suas dificuldades para que sirvam de lições eternas – estimulou a benfeitora.

— Fui amante de um político famoso. Ao engravidar, fui ameaçada de morte caso não praticasse o aborto. Prendi-me nas ciladas que eu mesma criei. Como espírita, neguei tudo o que aprendi em nome de um amor fictício e interesseiro, mas fascinante e encantador. Por dedicar a outro um amor ilusório, desamei de mim mesma. Depois disso, viver para mim era doloroso. Queria não existir, não ter de pensar. Acreditei que poderia fazer isso. Já estava morta pela culpa! Dizia a mim mesma que, depois de me sentir tão derrotada na vida, ainda teria de suportar a rejeição e o desastre afetivo.

Clara, emocionada ao extremo, parou sua narrativa e, depois de algum tempo, falou:

— Com sinceridade, dona Modesta, não me vejo em condições de delongar mais acerca de meu drama.

— Está ótimo, Clara! Não precisa dizer mais nada. Seu nível de domínio e sinceridade são armaduras psicológicas de largo valor. Vamos ver se temos perguntas dos integrantes do grupo.

— Eu tenho – levantou-se um cidadão que também buscou o autoextermínio. – Podemos perguntar o que quisermos, dona Modesta?

— Perfeitamente!

— Assim como você, Clara, não tenho a menor pretensão à autoridade, considerando minha pobre condição espiritual. Mas me intriga saber: como pode uma espírita chegar a esse ponto?

— Confesso-lhe que não tenho resposta para tal questão. Antes de utilizar o veneno letal, fiz uma prece. Meu estado mental era tão confuso que cheguei a interpretar meus pensamentos como se Deus esperasse aquele ato de mim, tamanha a angústia e o desespero em que me encontrava.

— Mas como a senhora chegou a isso? Com tanto conhecimento! O conhecimento espírita não foi suficiente para evitar a derrapada moral?

— O conhecimento, meu senhor, é suficiente quando a criatura não se encontra em estágios em que não faltem outras nutrições mais essenciais e eficazes.

— De que espécie?

— Afetiva! Nutrição oferecida ao sentimento. A amizade sincera é sentida como pingos de vida na alma descrente, incentivando a busca da recuperação. Enquanto souber que alguém se interessa por ela, que alguém a quer bem, terá um crédito de esperança com o qual, caso use de determinação e coragem de vencer, pode resgatar o desejo e a grandeza de viver.

Repentinamente, uma moça recém-internada manifestou-se:

— Sua narrativa deu asas ao meu pensamento. Fico imaginando quanto temos que rever na posição de aprendizes do Consolador Prometido. Conheci trabalhadores reconhecidamente respeitados por nossa comunidade que declararam inúmeras vezes que os espíritas não se sentem deprimidos. Se assim se sentissem, é porque não estariam aplicando adequadamente os ensinos doutrinários.

Veja o seu caso e o meu, que é pior ainda. Suicidei-me sem que ninguém soubesse que se tratava de um acidente planejado. Amigos espíritas até hoje me veem como uma valorosa e exemplar trabalhadora que cumpriu seu carma no trágico acidente automobilístico. Passei a vida triste por dentro e sorrindo por fora. Espírita saudável na aparência e uma enferma na intimidade. Os conflitos se agravaram e desisti de viver.

— Não sei o que dizer diante dessa colocação – disse Clara.
— Quer dizer algo, dona Modesta?

— Há muito despreparo entre os seareiros espíritas na vida física para um mergulho mais seguro e com bons resultados nos dramas humanos mais profundos. As vivências do sentimento são as que exigem mais do entendimento e da caridade humana – completou a benfeitora.

Ouvindo a colocação da recém-internada, um integrante do grupo de recuperação falou:

— Você, então, planejou um acidente?! Por que queria morrer?

— Planejei minha morte. A questão não é o desejo de morrer, mas o desejo de não querer viver. Em verdade, não tive motivos sérios para me matar. Apenas achei a vida sem sentido por tempo longo demais. Desencantei-me ou, como já fui instruída aqui mesmo em outra reunião, já renasci desencantada e sem vida por dentro.

— É possível isso, dona Modesta? – indagou outro participante da reunião.

— Muitos espíritos já renascem com total indisposição para viver. A infância e a juventude permitem-lhes novos estímulos que poderão atenuar e até mesmo dissolver esses núcleos energéticos de apatia. A maioria, entretanto, somente encontrará alívio e libertação pelos caminhos seguros do amor e do trabalho mantendo-se perseverantes nos roteiros da reeducação de si mesmos pelo esforço e pela disciplina.

Desejando saber mais, continuou o mesmo participante:

— Sempre achei os espíritas uma gente muito triste, a começar por mim mesmo. Será possível que a nossa comunidade enfrente esse problema em larga escala?

— O Espiritismo é a Boa-Nova dos tempos modernos – respondeu dona Modesta. — Sua mensagem é de consolo, estímulo e alegria. Os adeptos, entretanto, nem sempre conseguem expressar esse clima de entusiasmo e vitalidade. Até certo ponto, a questão é compreensível, em face das lutas imensas que travam com sua intimidade mais profunda. Mas, sem dúvida, necessitam de um pouco mais de emoção e alegria cristã.

— Como mudar isso? Se a senhora visse o centro que frequentei! Mais parecia um templo de mudez. Não havia um diálogo afetivo, aberto, sincero, nem troca de experiências que gerassem bem-estar, assim como tenho encontrado aqui no hospital.

— Eurípedes e doutor Bezerra me ensinaram que o foco essencial do Espiritismo é o homem, suas dores, sua busca. Se os esforços do centro espírita não convergirem para auxiliá-lo na grande jornada existencial, tal instituição falirá em seus objetivos maiores, passando a atender a questões de importância secundária. O centro espírita com Jesus deve consolidar-se como um espaço de recuperação da dignidade humana e uma praça de convívio e alegria. A causa da Doutrina Espírita é a espiritualização do homem por meio do amor. Quando uma casa doutrinária orienta e oferece condições ao ser humano para viver em conformidade com a visão imortal, ela cumpriu sua missão. Ressalte-se que uma tarefa com essa amplitude só será possível com muita cumplicidade e simplicidade. Percebe a extensão dos laços entre a causa do Cristo e a causa espírita?

Interrompendo a sequência de reflexões, a orientadora indagou:

— Maria Clara, você não tem algo mais a dizer?

— A senhora leu meu pensamento?

— Só um pouquinho – falou bem-humorada.

— Quero ler uma pergunta de *O livro dos espíritos* que tem me servido de guia e conforto: "Assim como, quase sempre, é o homem o causador de seus sofrimentos materiais, também o será de seus sofrimentos morais?

Mais ainda, porque os sofrimentos materiais algumas vezes independem da vontade; mas, o orgulho ferido, a ambição frustrada, a ansiedade da avareza, a inveja, o ciúme, todas as paixões, numa palavra, são torturas da alma".[28]

— Quer comentar, Clara?

— Hoje sei que poderia ter me livrado do sofrimento moral que apliquei contra mim mesma.

— E?!...

— E estou me esforçando muito no serviço do bem nesta casa de amor, no intuito de esquecer um pouco as minhas próprias dores e pensar nos dramas alheios. Somente dessa forma encontro coragem para dar este testemunho. É incrível, mas, à medida que aplico essa medicação em meu ser, frutifica um desejo intenso de renascer no corpo e recomeçar. A energia da vida começa a jorrar filetes de vitalidade e esperança em minha alma. Deus nunca me abandonou. Não o abandonarei novamente.

---

28   *O livro dos espíritos*, questão 933, Allan Kardec, Editora FEB.

> Como não desenvolvi a resignação quando encarnada, não posso me queixar de ninguém. Trabalho dia após dia, e na hora certa o Pai me chamará para renascer no corpo. Não tenho pressa. Estou viva, sinto a vida. Estou serena e isso me basta agora.

Amigo querido, em caminhada na Terra, você caiu no fosso da culpa ante os deslizes da conduta?

Sua sombra mais uma vez driblou seus propósitos de luz?

Não se atormente com as cobranças desgastantes e busque se desculpar.

Nessa hora, lembre-se dos valores e projetos nobres que erguestes ao peso de sacrifício e esforço.

Quanta beleza já descobriu que existe em você por meio do trabalho no bem? Então, por que supervalorizar o mal que você, pouco a pouco, está deixando?

Que adiantará recriminações e punições, quando a virtude é construída com amor e tempo?

Olhe para a frente e valorize sua condição de Filho de Deus. Resgate agora a sua paz.

Faça um acordo com você: perdoe-se e recomece no bem. Eis uma grande prova de autoamor!

Recorde: "A calma e a resignação hauridas da maneira de considerar a vida terrestre e da confiança no futuro *dão ao espírito* uma serenidade, que é o melhor preservativo contra a *loucura* e o *suicídio*".[29]

---

29   *O Evangelho segundo o Espiritismo*, capítulo 5, item 14, Allan Kardec, Editora FEB.

"A causa da Doutrina Espírita
é a espiritualização do homem
por meio do amor."

"A Terra, conseguintemente, oferece um dos tipos de mundos expiatórios, cuja variedade é infinita, mas revelando todos, como caráter comum, o servirem de lugar de exílio para Espíritos rebeldes à lei de Deus."

O Evangelho segundo o Espiritismo,
capítulo 3, item 15.

[Capítulo 11]

Fé, combustível do ato de viver
Parte I

Exílio para espíritos rebeldes à lei de Deus. Que traço poderia definir mais claramente a nossa condição moral na Terra?

Após o desencarne, nos deparamos com o remorso e, na sequência, alguns passam pelo arrependimento sincero. Renascemos trazendo na alma um ansioso desejo de recomeço.

Chegando à vida física, encontramos as frustrações necessárias. Caímos no desapontamento e sentimos uma rebeldia de ser, existir e viver, negando-nos a aceitar nossas necessidades espirituais. Surgem os conflitos com o corpo, com a sociedade, com a profissão, com a família. Nessas circunstâncias, o maior adversário somos nós mesmos, numa declarada resistência em aceitar quem somos. Instala-se, então, um terrível estado de insatisfação crônica com a vida. Sentimento de culpa, tristeza e medo determinam estados mentais doentios de punição, perfeccionismo e baixa autoestima, conduzindo-nos aos dramas dolorosos da angústia e da depressão em um verdadeiro leque de mutações emocionais.

Posteriormente, esgotados pelos conflitos interiores ao longo do tempo, estacionamos nas perturbadoras crises de descrença e vazio existencial, indo em direção a novos ciclos de dor, que nascem de atitudes e escolhas enfermiças.

Raríssimos escapam de semelhante roda da vida. Esse é o carma, a teia da existência, tecido por nós mesmos nos roteiros da reencarnação.

Carma não é algo que acontece fora de nós, mas dentro. As insatisfações exteriores espelham a rebeldia interior. A vida reflete programações da nossa vida mental. Surge de dentro o que nos atrai no exterior, em função dos velhos modelos mentais baseados em crenças e valores.

Pela forma como reagimos aos acontecimentos da existência, determinamos o curso dos prazeres e dos desgostos da nossa vida.

O rebelde agrava seus passos em turbilhões de emoções perturbadoras. A rebeldia é apressada, inquieta, arrogante e revoltada. É o comportamento de almas que não aceitam a realidade. Daí o porquê de sentirem tanta amargura, pois a vida é e será sempre o que tem de ser, considerando que tudo o que nos cerca reflete o que somos ou seremos.

Rebeldia significa relutância, teimosia e inconformação.

Há quem nela veja uma virtude, conceituando-a como um ato de resistência, bravura e coragem em não se abater diante das dificuldades. Existe um estreito limite entre o caráter doentio da rebeldia e esse aspecto que alguns tomam como qualidade. Analisemos o tema:

- O rebelde paralisa. O corajoso avança.
- O rebelde sofre. O corajoso liberta-se.

A rebeldia torna a criatura apressada, agitada interiormente e com avançados níveis de ansiedade ou depressão. O rebelde debate-se intimamente, tem baixíssimo nível de tolerância às frustrações e uma conduta irritável. O corajoso avança com serenidade, ultrapassando sua zona mental de conforto com moderação e lucidez.

A rebeldia tira a condição de pessoa centrada em valores e metas para situá-la nos dois extremos da revolta: arrogância ou descrença. A arrogância é a atitude daqueles que ainda encontram energia para expressar sua inconformação. A descrença é o estado dos que já se encontram esgotados de tanto reagir às recomendações da existência.

Na arrogância, a alma afoga-se nas vertigens da insensatez.

Na descrença, a alma tomba nas armadilhas do medo.

Na arrogância, nossa maior ilusão é preferir o eu ideal que imaginamos ser e não aceitar o eu real, o que verdadeiramente somos. Precisamos romper com a imagem que o ego construiu sobre nós, para nos defendermos da angustiante realidade do que somos.

Na descrença, nossa maior dificuldade é aceitar que a vida jamais será como queremos. Nisso reside nossa incapacidade em lidar com as perdas e os sonhos desfeitos ou não alcançados.

A arrogância traz a pressa das metas que se desfazem como bolhas de sabão aos nossos olhos, levando-nos ao vício de sermos perfeitos em dar sentido à nossa vida e a de quem nos cerca.

A descrença traz a paralisia da depressão que nos aprisiona na ausência de sentido, subtraindo-nos a alegria do ato de viver.

O arrogante é um criador de destinos com os quais procura atender a sua inesgotável tendência de gerenciar a vida alheia, na condição de um semideus.

O descrente é um cultivador da revolta que teme a morte da vida idealizada e impossível.

Arrogância e descrença são extremos psicológicos e emocionais de uma mesma causa: a atitude de não aceitar os processos necessários da vida e suas leis de progresso.

Os arrogantes e os descrentes são pessoas que temem ardentemente a queda, o fracasso, o desacerto. O arrogante, com medo de errar, tenta demais e tomba na prepotência. O descrente, com medo do erro, evita arriscar.

O arrogante se vê além do que é. O descrente foge de quem é.

Estar em qualquer dessas extremidades significa limite e adoecimento da vida mental. Nesse clima interior, a maior enfermidade dos dias atuais instala-se sorrateira e decisiva: a ausência de sentido para os dias da nossa existência. Arrogantes e descrentes caminham ao sabor de intermináveis combates íntimos que sugam as forças morais e minam os ideais possíveis. Estabelece-se uma lastimável pressão sobre os pensamentos, causando um estado de confusão mental. Um desgosto repentino tira-lhes significativa parcela do afeto e da sensibilidade. Cansadas, tais criaturas correm atrás do dever ao peso de dor e desânimo, cobrança e rigidez.

A rebeldia é resultante da ausência de habilidade em movimentar o mais sublime patrimônio conferido pelo Criador à criatura: a fé.

A fé é o combustível do ato de viver. É a energia interior que vem da alma para equilibrar nossa mente e nos nutrir com a energia da vida e a energia de Deus que sustenta o universo.

Fé é a força que está no íntimo de nós mesmos qual uma pedra preciosa acomodada no lago pantanoso de nossa sombra. É a luz escondida que necessita ser colocada onde possa iluminar nossa vida consciente. A sombra é também um centro de talentos e qualidades ocultas que solicitam manifestação.

O contato com a energia da fé desperta o estado de otimismo, irradia a paciência, espalha a confiança e fortalece a resignação nas atitudes, levando-nos a aceitar a vida como ela é.

A fé mantém a mente em harmonia e domínio interior, e, por consequência, habitua-nos a agir com foco no presente, sem as agonias com o futuro ou os descontentamentos do passado. Estar no presente significa viver, ter sentido para continuar um dia após o outro na busca consciente das metas e das motivações.

Uma de suas propriedades energéticas mais importantes é a função seletiva. Como se fosse uma bateia – recipiente para garimpar metais preciosos nos rios –, ela seleciona o que há de melhor em nosso campo mental. É uma chave para abrir o *Self* divino que está adormecido em nosso íntimo.

Ela é a base da vida em toda parte. É a alma da esperança sem a qual não conseguimos enxergar a trilha traçada por Deus para a nossa felicidade. É a fonte do prazer de viver.

Como viver sem esperança? Ela é o efeito, no campo dos sentimentos, quando encontramos o ritmo vibratório de Deus na vida. Surge quando identificamos o fluxo de energias divinas que conspiram para a nossa elevação.

Dizem os Sábios Instrutores: "Inspiração divina, a fé desperta todos os instintos nobres que encaminham o homem para o bem. É a base da regeneração. Preciso é, pois, que essa base seja forte e durável, porquanto, se a mais ligeira dúvida a abalar, que será do edifício que sobre ela construirdes?"[30]

Toda a nobreza espiritual da qual somos herdeiros de Deus somente poderá se expressar sob o influxo da fé. Todos os instintos colocados em nós para o progresso, sob sua tutela, são dirigidos para tornar a nossa vida em um ato de dignidade repleto de alegria e prazer de viver.

---

[30] *O Evangelho segundo o Espiritismo*, capítulo 19, item 11, Allan Kardec, Editora FEB.

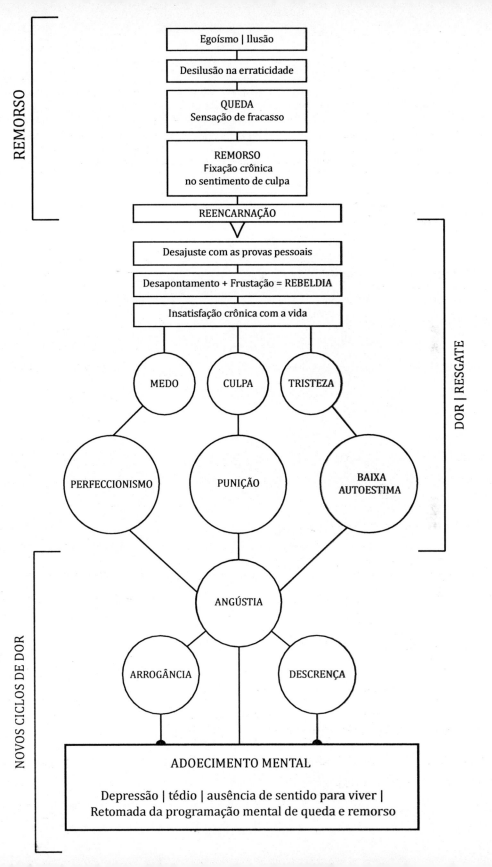

"A fé é o combustível
do ato de viver."

"Indeterminada é a duração do castigo,
para qualquer falta; fica subordinada
ao arrependimento do culpado
e ao seu retorno à senda do bem;
a pena dura tanto quanto a obstinação
no mal; seria perpétua, se perpétua
fosse a obstinação; dura pouco,
se pronto é o arrependimento."

O Evangelho segundo o Espiritismo,
capítulo 27, item 21.

[Capítulo 12]

Fé, combustível
do ato de viver
Parte II

Na década de 1940, fizemos um resgate nas regiões sombrias da erraticidade que jamais sairá de nossa tela mental.

Uma alma querida de Eurípedes Barsanulfo compunha as polícias nazistas que incendiaram o mundo de ódio e racismo no fim dos anos de 1930.

Nessa época, o soldado Matias, já desencarnado, era um escritor das trevas e destacado assessor de ideias nocivas sobre a psicologia da maldade. Autor de um livro no plano espiritual, *Porta larga: o caminho da perdição humana*, desenvolveu um modelo de colonização do mundo mediante um estudo profundo da natureza humana.

Sua tese está resumida no capítulo anterior, na Parte I desta mensagem. O fundamento básico do livro é o remorso, a fixação prolongada no sentimento de culpa. Com base nessa teoria, até hoje, as sombras se arregimentam em suas ações, seja em que campo for do pensamento social.

Quando foi resgatado, Matias trouxe consigo um exemplar do livro que está arquivado na biblioteca do Hospital Esperança. Na medida de sua conversão ao bem, o autor continuou seus estudos e passou a ser um colaborador ativo na preparação de servidores que irão reencarnar com missões educativas. Todos os que se preparam para essa finalidade fazem cursos com base no conhecimento dessa obra.

Matias regressou ao corpo na década de 1950 com o objetivo de levar ao mundo melhores noções sobre a natureza enobrecedora de sua inteligência e de sua argúcia psicológica. Na condição de médium, enfrentou as mais severas batalhas com seus vínculos das regiões abismais, onde deixou uma família extensa de laços sagrados.

Antes de seu regresso, deixou em nossa casa de amor várias obras de conteúdo moral e psicológico avançado.

Tomando por base alguns desses volumes educativos, vamos agora, nesta Parte II, registrar a antítese da mensagem anterior. Se o remorso é o núcleo do derrotismo, o arrependimento é a alavanca de motivação para a remissão da consciência.

O fundamento filosófico e psicológico de todas as bases intelectuais das organizações da maldade está em um só princípio: travar a libertação da consciência.

E, segundo *O livro dos espíritos*, questão 621, na consciência encontram-se as leis de Deus.

No *Self* glorioso – consciência – está a chama da alegria de viver. Impedir o contato com esta fonte permanente de luz e sabedoria é reprimir o pulsar da vida até que o homem venha a tombar na descrença, na imantação mental sob os comandos do ego.

Muito antes de Freud, as teorias psicanalíticas já eram estudadas no século 19, nos núcleos urbanos da semi civilização. O inconsciente, a parte menos conhecida do ser, tornou-se alvo dos velhos alquimistas e magos que servem essas regiões. Conhecidos como "magíster", um cargo de honra nas trevas, esses cultores do domínio mental das sociedades mundiais só não previam que a ciência, a tecnologia e a própria noção de Deus, alargadas com as conquistas do século 20, viriam balançar as estruturas mais secretas de suas teses.

Ainda assim, a quantidade de almas atingidas no mundo pela doença do remorso é de estarrecer. Diante disso, torna-se urgente disseminar roteiros luminosos no desenvolvimento das soluções íntimas em busca de uma vida mais rica de prazeres da alma.

No remorso, a ausência de sentido, como doença básica, corrói os mais firmes propósitos de vitória e progresso do ser humano. As sensações de medo, insegurança e incompletude podem gerar o surgimento da angústia doentia.

Sempre que os conteúdos ocultos do inconsciente forem ameaças ao nosso ego, surgirá a angústia necessária para o tratamento do egoísmo. Os mecanismos de defesa mental são tentativas de proteção natural a essas ameaças. Todavia, a fuga sistemática do mergulho interior ou da descoberta das origens desses avisos angustiantes conduz ao adoecimento emocional e psicológico. O remorso é exatamente o quadro mental da criatura aprisionada em suas próprias criações que, durante longo tempo, usou-o para se proteger ou se esconder.

No arrependimento, ocorre o oposto. Significa partir para um recomeço em bases novas, e todo recomeço implica alguma perda. E essa perda é o maior receio de qualquer pessoa habituada a fugir. É o medo que afeta o ser diante das mudanças necessárias em sua vida.

A palavra mudança, para quem se acha adoecido psiquicamente, é um desastre de proporções incalculáveis. Sem arrependimento legítimo, porém, não há cura, não há melhora.

Arrependimento quer dizer, antes de tudo, coragem para dar uma nova direção à vida. Remorso é remoer culpas, algemar-se à dor, fazer-se de vítima da vida e fugir das responsabilidades pessoais.

No arrependido, encontramos algumas características marcantes que refletem o estado íntimo de quem realmente quer recomeçar, tais como: honestidade emocional, intensa capacidade produtiva, reconhecimento de seus limites, vigorosa aceitação de si mesmo, autoconfiança, independência emotiva, distância do conformismo e orientação psicológica para a realidade.

O espírito arrependido na vida espiritual reencarna com maior sensibilidade para realizar esse redirecionamento. Ainda assim, não escapa à sucessão desordenada de sentimentos e emoções em rápidas mutações mentais. Culpa, medo e tristeza comparecem aqui também, com a diferença de que, neste clima psíquico, são recursos de orientação que criam um estado de pressão íntima com fins educativos.

A culpa, sob o comando do arrependimento, torna-se motivação para rever crenças e valores, inspirando novas condutas. O medo, em vez de paralisar, vai trazer um convite para a reflexão sobre os desafios e os testes, e como superá-los. A tristeza é o recolhimento que centra a mente nela própria, tornando-se igualmente um convite para repensar caminhos e buscar novas soluções diante de perdas ou situações imprevisíveis.

Esse quadro interior configura uma silenciosa expiação que, suportada com resistência mental, enrijece o poder de realização. Contudo, a resistência sem autoamor é caminho para a arrogância e a prepotência. Este afeto expressa-se em cuidadosos costumes de docilidade no tratamento a si próprio e honestidade emocional. Essa força de realização fortalece a fé – base segura e essencial para a liberdade íntima no desenvolvimento do prazer de viver.

A análise sábia de Allan Kardec, na referência de apoio citada anteriormente, deixa claro: "[...] a pena [...] dura pouco, se pronto é o arrependimento". A penalidade interior é relativa ao ato de arrepender-se.

E Jesus, sábio cuidador de almas, deixou claro o valor do arrependimento ao esclarecer: "Digo-vos que assim haverá alegria no céu por um pecador que se arrepende, mais do que por noventa e nove justos que não necessitam de arrependimento".[31]

Somente nesse clima de íntima liberdade e conexão com o *Self* a criatura consegue qualidade de vida, fazendo do ato de viver um poema de gratidão diária à vida, guardando fé em tudo o que pense, sinta ou faça.

---

[31] Lucas 15:7.

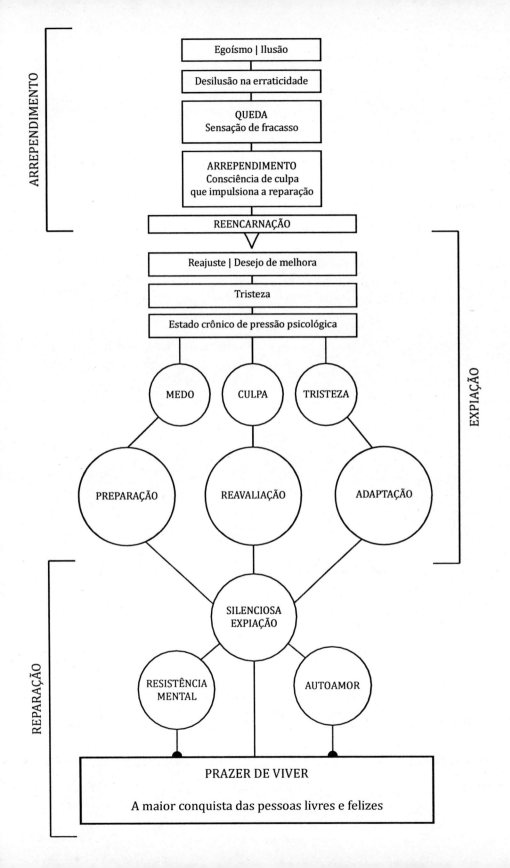

"Para o invejoso e o ciumento, não há repouso; estão perpetuamente febricitantes. O que não têm e os outros possuem lhes causa insônias."

(Fénelon, Lião, 1860)
O Evangelho segundo o Espiritismo,
capítulo 5, item 23.

[Capítulo 13]

Vitória sobre o ciúme

Cada instante que nos distanciamos das leis naturais da vida damos um passo para a enfermidade. A doença é o resultado de um processo.

O ciúme é o reflexo do afeto perturbado pelo instinto de posse e, quando cultivado em séculos de renitência no amor-próprio, fatalmente vai desarticular o campo mental, adoecendo-o com quadros de insegurança e medo, culminando em diversas doenças que lotam hospitais no mundo inteiro.

Quase sempre, por trás deste vício afetivo, vamos encontrar o receio das perdas a limitar corações emocionalmente imaturos nas tormentas da mágoa e da cautela excessiva. Diante do medo da perda, a pessoa torna-se apegada, melindrosa e ressentida por pequenos problemas, configurando um estado de incertezas fantasiosas nos raciocínios com *flashes* psicóticos perturbadores que oferecem campo mental propício a obsessões.

Fruto de imaturidade emocional, o ciúme é uma manifestação de carência afetiva, culpas, complexo de inferioridade e falta de autoconfiança adquiridos no processo educacional infantil, determinando larga ausência de gratificação com a vida. Ele pode definir depressões brandas ou severas, dependendo da reação de cada pessoa diante dos processos da existência. Pode também provocar a queda energética, com variadas consequências para a saúde orgânica.

O ciúme provoca disputas silenciosas, desenvolve guerras mentais, nutre desejos personalistas, alimenta a inveja, estabelece incômodos íntimos com o êxito dos outros e impõe à sua vítima uma profunda revolta com os acontecimentos que lhe escapam ao controle.

Costuma-se interpretar o ciúme como sinônimo de inveja. Ele, porém, é a possessividade que impede a partilha, cria o desrespeito e favorece o desequilíbrio, enquanto a inveja é o desejo enfermiço de possuir valores alheios, sejam eles morais, materiais ou espirituais. O primeiro é a ausência do autoamor em razão do desconhecimento de seus próprios valores. O segundo é atitude de apropriação indébita de alguém ou de algum bem.

Nós, que nos pautamos pelas lições do Espiritismo, deparamo-nos frequentemente com essa enfermidade costumeira nos relacionamentos entre companheiros de doutrina.

Como consta o notável codificador: "Compreende-se o ciúme entre pessoas que fazem concorrência umas às outras e podem ocasionar recíprocos prejuízos materiais. Não havendo, porém, especulação, o ciúme só traduz mesquinha rivalidade de amor-próprio".[32]

Nas relações entre espíritas, é injustificável permitir-lhe a influência multiplicadora de problemas e situações prejudiciais ao trabalho e ao bem-estar dos grupos.

O personalismo que ainda nos consome é a raiz enfermiça e dinamizadora dos motivos pelos quais nos infectamos com semelhante vírus da alma.

Nos envolvemos facilmente em ciumeiras atormentadoras e desnecessárias, atirando-nos a provas voluntárias, porque ainda abrigamos intimamente a necessidade excessiva de prestígio e reconhecimento.

Os cargos e a vaidade em associar nossos nomes a obras e benfeitorias doutrinárias são outros tantos motivos que

---

[32] *O livro dos médiuns*, capítulo 29, item 349, Allan Kardec, Editora FEB.

alimentam a conduta das atitudes ciumentas, quando não somos bajulados pelo elogio público diante dos rótulos transitórios.

O Espiritismo, a casa espírita e o movimento espírita não nos pertencem. Nada disso deveria ser causa de inveja e possessividade.

O sucesso dos companheiros de doutrina deveria nos alegrar, e a humildade em retirar lições de suas vitórias é o melhor caminho para aprender a alcançar seus passos bem-sucedidos.

O ciúme é tão cruel que determinados trabalhadores da seara se sentem ameaçados de perder posições e ter suas realizações esquecidas diante das habilidades dos que realizam, com competência e em pouco tempo, os ofícios que eles levaram anos de aprendizagem para executar.

Esse tipo de ciúme é sutil porque nele a possessividade tenta reduzir a capacidade alheia a uma condição inexpressiva, levantando pontos pessimistas que tentam impedir a sequência das ações do bom tarefeiro no futuro.

Nesse processo, comparece a maledicência dos que observam as ações do bom trabalhador com evidente complexo de inferioridade, seguido de medidas tomadas em surdina para limitar seus êxitos diante da possibilidade de, amanhã, este bom servidor vir a tomar-lhes o espaço de serviço. Eis aqui a dupla milenar do apego e do ciúme patrocinando crises morais de personalismo.

Esse vírus da alma impõe dependência àqueles que ainda não conseguem caminhar sem escoras e guias, determinando relações com este ou aquele companheiro ou grupo de seu interesse visando ao benefício mútuo. Nesse caso, passa a ser seu proprietário emocional, sentindo-se, infantilmente, traído e melindrado quando seu objeto de autonomia divide com outros as experiências da vida ou toma decisões com as quais não concorda e que ferem seus interesses. Mais uma vez aqui comparece o medo de perder, diga-se de passagem, algo que não lhe pertence. Sintoma evidente da carência de afeto e do desejo de ser amado que se transmudou em um ordinário individualismo.

Na profundidade do psiquismo de outras vidas está a causa dessa dolorosa prova do medo das perdas. São culpas criminosas, núcleos de matéria mental em processo de expurgo pelas fibras do sistema emocional. Doença que exige muita devoção à autoeducação.

Os ciumentos de todos os níveis, desejosos de serem amados sem amar, demonstram o espectro narcisista fugindo de assumir seu papel nas circunstâncias em que são chamados.

Aqueles que padecem da enfermidade matriz do ciúme deverão se internar no hospital da oração, do trabalho, do desprendimento, da renúncia e do altruísmo. Medicações indispensáveis para lhes drenar as impurezas e curar o campo afetivo.

O trabalho e o aprendizado que nos enriquece a existência devem nos bastar nesta etapa. Esses nos pertencem, são as conquistas que, de fato, traremos para a imortalidade.

Sejamos zelosos, mas sem paixões.

No grupo espírita, abandonemos os ressentimentos e as mágoas diante das expectativas não correspondidas naqueles em quem depositamos excessiva confiança e respeito.

Que o clima nos serviços doutrinários seja de alegria diante dos êxitos alheios, sempre pensando em todos. Temos o que merecemos por conquista ou de que necessitamos por prova. Assim, para que invejar e ter ciúme?

Estar na obra do Cristo é uma bênção da qual poderemos desfrutar quando e onde quisermos.

Sociedades espíritas fraternas são afetivas e, graças à riqueza de nobres emoções, seus discípulos são felizes e satisfeitos, e não guardam frustrações que souberam superar por meio da reeducação e da amizade.

Esforço e desapego nos aguardam diante das infelizes comparações com o outro e façamos o melhor, cientes de que, se queremos tanto ser admirados pelos outros, nem imaginamos quantos são os que nos avaliam e aferem a nossa devoção na vida espiritual, contabilizando créditos e débitos na rotina dos dias, amando-nos incondicionalmente, sem exigência de espécie alguma. Isso é o que importa!

Abdiquemos da tormenta voluntária do ciúme e amemos. Descubramos nossos valores porque "para o invejoso e o ciumento, *não há repouso; estão perpetuamente febricitantes*"[33].

---

33   *O Evangelho segundo o Espiritismo*, capítulo 5, item 23.

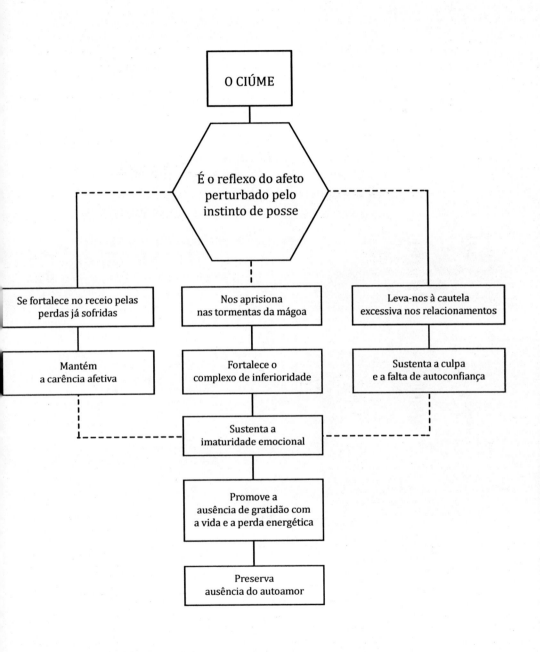

"A caridade moral consiste em se suportarem umas às outras as criaturas e é o que menos fazeis nesse mundo inferior, onde vos achais, por agora, encarnados."

O Evangelho segundo o Espiritismo,
capítulo 13, item 9.

[Capítulo 14]

Sentimentos: nossos verdadeiros guias

A comunidade espírita é merecidamente reconhecida pela sociedade como exemplo de beneficência pública. Sem dúvida, a caridade é a essência das ideias espíritas, porque constitui a didática da vida no processo de educação do homem em busca de seu ajustamento com as leis naturais.

Importa-nos observar que, mesmo no clima da bondade, as iniciativas erguidas em nome do amor podem obedecer às motivações de natureza individualista devido ao arraigado sentimento de egoísmo.

Joio e trigo convivem juntos nas atividades sociais de assistência e amparo, de interesse pessoal e altruísmo, assim como a luz e a treva se alternam na natureza íntima de nossos sentimentos, mesmo quando agimos nas edificações em favor do próximo.

Diante desse quadro inevitável, será oportuna a indagação: como a caridade tem educado a nós mesmos? Em que aspectos temos melhorado a partir da ação social? Reconhecemos os traços de personalismo na atividade de amparo? O bem será bom para quem o recebe; será que também está sendo para nós? Como? Quais são os sentimentos experimentados com a atividade do bem?

A reciclagem do conceito de caridade em nosso abençoado movimento precisa de um enfoque sobre convivência. Faz--se necessário desenvolver maior valor ao relacionamento humano e menor valor à prática formalizada. A prática é significativa por seu caráter disciplinador. Acima dela, deve estar a interação humana, a quebra de barreiras que nos afastam do próximo, de sua singularidade rica de lições, que podem ser absorvidas em regime de salutar intercâmbio de vivências.

Vigiemos o encantamento com o volume de recursos colhidos nas campanhas de amor. É importante prestar atenção na presunção que aparece sempre que paredes são erguidas para o acolhimento alheio. Nem sempre tais iniciativas louváveis são suficientes para que surja a legítima cidadania no coração. Tenhamos cautela com nossas velhas ilusões!

Ao erguermos casas de amparo ao próximo, costumamos adotar uma atitude de caridade com limites, restringindo o conceito de próximo aos que se beneficiam diretamente das iniciativas que promovemos. Saindo dos locais de caridade, muitos são tomados pela incoerência e dispensam tratamentos ríspidos a serviçais e familiares no lar, ou ainda a funcionários e conhecidos no dia a dia. Isto é a caridade com hora marcada! Atitude ainda distante do movimento sublime da alma no desenvolvimento do bem sem condições, que é a aplicação da cidadania como dever universal de solidariedade.

A cidadania à luz da imortalidade significa a luta íntima na consolidação dos deveres perante a consciência. Batalhamos pela cidadania de nosso semelhante e igualmente devemos adotar nas nossas atitudes os sentimentos que nos identifiquem como cidadãos com participação social consciente, onde quer que estejamos. Haverá diferença entre o próximo que é beneficiado por nós nas atividades doutrinárias e aquele que conduz um veículo ao nosso lado, também credor de nosso respeito no ato de trafegar com paciência? Será que o condutor ao lado não estará necessitando de um gesto de gentileza?

Cidadania à luz do ser imortal é educar-se para viver com proveito a grande oportunidade reencarnatória. Esta é a principal meta da caridade com Jesus nos roteiros da Doutrina Espírita.

Centros espíritas são células dinamizadoras da mensagem do Cristo e devem preparar seus trabalhadores para aprender a conviver, a fim de não supervalorizarem técnicas e métodos que podem converter as práticas em rituais e desdenhar o acolhimento humano espontâneo e educativo.

Jesus é o exemplo de espontaneidade e ternura no atendimento integral do ser humano. Esta deve ser a nossa meta, mesmo necessitando de métodos ou atitudes disciplinares para amar. Mais do que sistematizar ações sociais, cultivemos a arte de melhorar nossos hábitos nos relacionamentos, transformando a casa espírita em um oásis de refazimento e esperança aos corações desolados e aos cérebros sem norte. Ao implantarmos práticas de acolhimento e recepção sem aprender a conviver, corremos o risco de formalizar novas filantropias atualizadas pelos conhecimentos, mas não aperfeiçoadas pela doação íntima de nós mesmos.

A única atitude que nos leva ao encontro da consciência é aquela da qual nossos sentimentos fazem parte. Algumas posturas, entretanto, são movimentos do ego, que nos inclinam a pensar na caridade, um treino que nos permitirá pouco a pouco escapar das armadilhas do egoísmo. Esta é a razão de inúmeras e graves desilusões na vida espiritual para aqueles que deram coisas e não se deram e nem se abriram para a vida em abundante dinamismo de sentir o valor do bem a cada passo, para o outro e para si, no encontro do *Self* glorioso.

É lei universal – temos o que damos. Quando damos o que detemos, apenas agimos no dever. Quando damos aquilo que é nosso, nos inserimos no amor.

Avaliemos nossas modestas ações nos rumos da caridade. Será oportuno pensar e repensar em quais padrões se enquadram os esforços que fazemos pelo bem alheio. Predomina entre nós a cultura de que o bem realizado, em qualquer forma que se apresente, é apólice de garantia da paz além-túmulo, aguardando conquistas decorrentes do bem que semeamos. Nem sempre! Não existe bem que não seja bom, o que não significa libertação definitiva do mal e consolidação de virtudes na intimidade.

A relação de amor com o próximo é a escola bendita para intermináveis viagens interiores.

A caridade é luz que se acende ao próximo, com a qual, igualmente, deveremos aprender a nos beneficiar no próprio ato de exercê-la. Portanto, a paz esperada para além das fronteiras da desencarnação precisa ser desfrutada no agora, enquanto semeamos, porque, do contrário, podemos estar padecendo da "síndrome de além-túmulo", isto é, cultuando um futuro incerto construído no país dos raciocínios, sem a educação dos sentimentos, nossos verdadeiros guias aqui no Além.

Nossa situação na vida espiritual é um resultado natural de nossas ações no plano físico, e não um projeto recheado de sonhos fantasiosos. O que define nosso equilíbrio, ou não, é o estado íntimo que carregamos na consciência. Aliás, temos de convir que, na condição de usuários milenares das bênçãos da vida, somos devedores de soma quase impagável.

Assim, o bem alheio é abatimento na contabilidade de nossas contas espirituais, não constituindo ainda créditos polpudos nos bancos da virtude.

Sem generalizações, costumamos amar o próximo com intensidade, e descuidamos do autoamor. Levamos água e pão ao próximo e ficamos, muitas vezes, sem os alimentos essenciais do afeto. A proposta do amor não é se afligir pelo bem alheio para conseguir a felicidade pessoal. A caridade é um processo relacional, interativo, de crescimento mútuo. Ela tem de ser boa, agradável e espontânea para quem faz e quem recebe, nivelando ambos no ato de dar e receber, descaracterizando os papéis de doador e carente, porque carente e doador somos todos, dependendo do que se passa durante o intercâmbio solidário das relações.

Irmã Rosália alerta-nos para o ponto crucial da caridade moral: "A caridade moral consiste em se suportarem umas às outras as criaturas [...]"[34].

Estudemos o sentido dessa fala, que nos abrirá um mundo de percepções sobre a dignidade nos sentimentos.

Caridade é um aprendizado de profundas lições que, pouco a pouco, levaremos para o crescimento pessoal, na convivência, dia após dia, fora e dentro do corpo físico, na vida ativa do amor de nosso Pai em busca da cidadania cósmica da qual todos fazemos parte, ainda que sem consciência dessa condição gloriosa.

---

34   *O Evangelho segundo o Espiritismo*, capítulo 13, item 9.

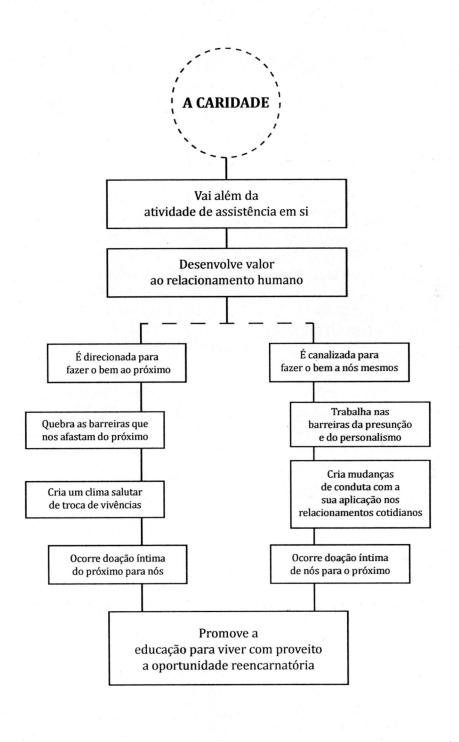

"Com extrema sabedoria procedem os Espíritos superiores em suas revelações. Não atacam as grandes questões da Doutrina senão gradualmente, à medida que a inteligência se mostra apta a compreender verdade de ordem mais elevada e quando as circunstâncias se revelam propícias à emissão de uma ideia nova. Por isso é que logo de princípio não disseram tudo, e tudo ainda hoje não disseram [...]."

O Evangelho segundo o Espiritismo,
"Introdução, II Autoridade da Doutrina Espírita, Controle Universal do Ensino dos Espíritos".

[Capítulo 15]

Onde estão os Espíritos Superiores

Antero Gomes, doutrinador esclarecido e dedicado, desencarnado em Minas Gerais na década de 1990, pediu-nos a gentileza de enviarmos sua experiência aos amigos na Terra. Conforta-o saber que suas palavras poderão ser úteis a todos os que dialogam com os desencarnados.

Vejamos sua história:

Após trinta dias no Hospital Esperança, Antero Gomes foi encaminhado aos cuidados do doutor Inácio Ferreira, responsável pela ala de médiuns e doutrinadores. Doutor Inácio fazia suas preces matinais quando foi interrompido por batidas na porta de seu gabinete.

— O senhor é o doutor Inácio Ferreira?

— Em carne e osso, digo, em espírito e perispírito – disse, com muita espontaneidade.

— Meu nome é Antero Gomes.

— Já o esperava.

— Sempre desejei conhecê-lo na Terra, mas o tempo não permitiu.

— O senhor perderia seu tempo, posso lhe garantir. Vamos, entre e sente-se aqui. Vamos falar sobre planos de trabalho.

— Sim. Quero começar dizendo o que pretendo fazer, doutor Inácio.

— Não, o senhor me desculpe. Aqui sou eu quem vai dizer o que fazer.

— Então não tenho livre-arbítrio? É isso?

— É!

— Explique melhor, doutor Inácio! Será que depois de uma encarnação servindo e trabalhando não terei direito a escolhas por aqui?

— Não. Sua ficha diz que o tutor de sua encarnação fez o que pôde.

— Fez o que pôde?! Para quê?

— Para ensinar-lhe a fraternidade pura e sem fronteiras. Não poderá escolher muito por aqui.

— Mas...

— Eu sabia que logo apareceria esse "mas". Há uma semana venho estudando com cuidado a sua ficha, senhor Antero. Apenas posso lhe adiantar que seu protetor, diga-se de passagem, uma alma espiritualmente muito acima de nós, pediu-nos para não lhe satisfazer mais os gostos.

— Não entendo!

— O senhor entenderá.

— Muito estranho! Jamais imaginei que algo semelhante poderia me ocorrer aqui.

— Esperava regalias?

— Não. Esperava, no mínimo, a amizade e o reconhecimento, como recebia dos companheiros que sempre me apoiaram no centro espírita.

— Seus amigos o suportaram, Antero. Com seu personalismo e conhecimento, tiveram de se render à sua influência.

— Engano seu, doutor Inácio! Além de rude, não sabe o que fala! Aliás, vejo que, para um espírito superior, o senhor anda bem desinformado.

— Espírito superior? Bom, depende com relação a quem.

— Faça uma visita ao centro que dirigi e verá o quanto sou querido.

— Já fiz, Antero, já fiz! E sei o que estou falando. Você verá com seus próprios olhos.

— Quero saber a razão dessa recomendação. Virá mesmo de meu amigo espiritual ou é ideia sua, doutor? Terei deixado mesmo de aprender a fraternidade? Muito estranho!

— Tenho um palpite – falou doutor Inácio, como a provocar uma pergunta.

— E qual é?

— Creio que os espíritos superiores andam meio cansados do senhor, e por isso o mandaram para mim. Não fosse assim, o amigo não pararia aqui nesse hospital. Estaria bem acima disso.

— Chega de brincadeiras, doutor Inácio! O senhor brinca em excesso – falou Antero, com irritação.

— E o senhor é sério demais. Qual de nós terá razão? Começaremos o trabalho hoje à noite mesmo. Visitaremos uma sessão mediúnica em um centro espírita.

— Ótimo. Então quero voltar ao centro que dirigi e saber de tudo.

— Não.

— Não?! Por quê?

— Porque foi exatamente essa a orientação que recebemos – não lhe satisfazer os gostos.

— Mas que mal há nisso? Rever amigos, ampliar minha visão sobre a mediunidade...

— Esse é o problema.

— Novamente, não entendi!

— O senhor foi um excelente doutrinador. As notas de sua ficha, no entanto, falam em rigidez de conceitos e acusação. Aquilo que escapulia do padrão de seu entendimento era alvo de suas críticas ou de sua atitude de indiferença.

— Um direito que me assiste. Não tenho obrigação de aceitar as adulterações ao pensamento espírita. O senhor não concorda?

— Quanto a isso, eu concordo. Daí a ter de desprezar e maldizer pessoas e tarefas...

— Apenas defendia a pureza de nossos princípios.

— É sempre assim! Ah, os puristas! Amam a doutrina e deixam de amar o objeto moral de valor da própria doutrina que tanto amam, isto é, o próximo.

— Doutor Inácio, o senhor vai ficar me criticando também?

— Vou. Esta é minha tarefa.

— O senhor não acha que sua sinceridade é ofensiva demais? Se vai me criticar, então o senhor está igual a mim.

— Engano seu. Eu, pelo menos, faço isso olhando nos seus olhos. O senhor, o que foi que fez?

— Quer saber? Vou ser muito franco!

— Seja!

— Não estou gostando nem um pouco desse nosso encontro. Sua indelicadeza me incomoda.

— Ótimo, então está dando tudo certo.

— Então o que o senhor deseja é me incomodar?

— Não. Isso, porém, já lhe servirá para sentir o que muita gente sentia em relação a suas atitudes de presunção intelectual e desprezo sutil.

— Isso é demais! Depois de tudo que passei no corpo, ainda encontrar essa espécie de tratamento neste plano!

— Não viu nada! Como disse, sigo as orientações de sua ficha. Já teve gente demais para ser conivente com o senhor e bajulá-lo. Precisa mesmo é de um doutor Inácio na sua vida.

— Não sei como Eurípedes permite uma coisa dessas nesta casa de amor.

— Na verdade, o senhor não sabe de muita coisa, além do que pode imaginar. Vamos indo, chega de lenga-lenga. Vamos visitar o centro de Antônio Chrisóstomo – falou doutor Inácio, usando toda sua influência magnética para arrastar Antero ao trabalho.

— O quê? Nem pensar, não entro lá!

— Posso saber a razão?

— Aquele lugar, de centro kardecista, só tem o nome. É uma mistura de última qualidade.

— Então é desse lugar que precisamos.

— Eu não quero ir.

— Se o senhor não for, só lhe restará uma opção: pegar uma vassoura e limpar o pátio do hospital. O que o senhor prefere?

Já passava das dezenove horas e trinta minutos quando doutor Inácio, Antero e mais alguns auxiliares chegaram ao Centro Espírita Discípulo da Nova Luz. As luzes foram apagadas e a sessão começou ativamente, sob orientação de Antônio, experiente e amorável condutor da reunião no plano físico.

— O que você vê, Antero?

— Sinto-me mal com tantos excessos.

— Que excessos?

— Veja se os médiuns precisam grunhir como porcos! Olhe aquele lá, babando a ponto de sujar a própria roupa. E aquela senhora de idade rolando no chão? É muita falta de educação mediúnica. Nem usam mesa, assentam-se ao chão, não usam sapatos, e veja o dirigente! Não para de estalar os dedos e cantar hinos de Umbanda. É uma salada de doutrinas. O Espiritismo passou longe disso aqui. E ainda tem mais, o senhor, por acaso, está vendo alguma entidade? Algum espírito superior? E pior, quem será beneficiado com tanto ritual? É pura falta de esclarecimento. Certamente, trata-se de uma sessão de descarrego anímico.

— Excelente crítica, Antero!

— Não é crítica, é a verdade. É o que estou vendo, ou será que o senhor, doutor Inácio, não enxerga?

— Meus óculos, amigo, ficaram na Terra. Depois que faleci, enxergo mais do que devia. Enxergo, por exemplo, o que o preconceito fez com você. A acusação é uma prisão mental infeliz. Pesa muito nos ombros enquanto se tem corpo, e tira a visão depois da morte. Vamos voltar ao hospital.

— Vamos mesmo, pois vou fazer uma queixa formal a Eurípedes sobre todas as suas atitudes, doutor Inácio, desde hoje de manhã.

— Já esperava por isso. É sempre assim! Voltemos!

O doutrinador expôs a Eurípedes suas queixas. O benfeitor o ouviu com paciência e pediu-lhe que aguardasse nova tarefa.

Passaram-se três semanas e Antero começava um quadro preocupante de angústia e solidão. Procurando novamente por Barsanulfo, este o orientou:

— Irmão Antero, essa angústia é pedido profundo da alma por trabalho e libertação. Tenha força para superar seus conceitos e tendências. Doutor Inácio é uma alma sincera, cumpre aqui uma tarefa muito valorosa. É tudo de que você precisa agora: alguém que lhe diga o que pensa. Na Terra, ninguém lhe dizia o que pensava. As pessoas sabiam que não seriam ouvidas.

Após dois dias da conversa com Eurípedes, Antero Gomes procurou o gabinete do doutor Inácio.

— Estou de volta, doutor Inácio. Vamos retomar o trabalho.

— Retomar não, continuar. Seu afastamento era previsível; portanto, é continuação com mais consciência.

— Desculpe-me minha atitude.

— Não fiquei ofendido. Aliás, isso é algo bem difícil de acontecer a meu pobre ser.

— O senhor sempre foi tão direto assim?

— Quando estava no corpo, era um pouco pior. Aqui já melhorei bastante.

— Não compreendi ainda, doutor Inácio, a razão de estar sob suas ordens.

— É simples!

— Simples?

— Lei de merecimento.

— Explique melhor, doutor!

— O senhor não foi um homem mal para merecer as regiões sombrias da dor, mas também não foi um homem que fez todo o bem que podia. Não core de vergonha, a minha situação é a mesma. Evitei o mal intencional, fiz o bem para os outros, e para mim mesmo fiz muito pouco. Fui atrevido, intolerante, centralizador e, muitas vezes, excessivamente divertido. Para ser sincero, era um zombeteiro.

— Não é o que dizem do senhor na Terra. Seu nome é lembrado como um vulto do Espiritismo, uma pessoa importante.

— Vulto ou assombração?! – falou, com seu velho tom de humor.

— Uma personalidade respeitada.

— Esse é o problema. Os espíritas adoram santificar quem fez algo para ser lembrado. Não que eu tenha alguma coisa contra, mas daí a me ver como uma celebridade vai boa distância. Quando chegarem por aqui, perceberão que, com raríssimas exceções, os vultos do Espiritismo são almas com necessidades comuns. Se algo fizeram de especial, foi apenas trabalhar um pouco mais que os outros. A maioria, e sei o que digo, varreu suas necessidades para debaixo do tapete. E agora a morte levanta os tapetes, sacode a poeira e, com muita complacência, coloca-nos na mão uma vassoura para recomeçarmos o serviço nesse plano.

— Afinal de contas, quem são os espíritos superiores neste lugar?

— Os que toleraram nossas loucuras. O que qualifica uma alma como superior é a compaixão.

— Desculpe a franqueza, mas até agora não distingui se sua conduta é de inteligência, mau humor ou rispidez.

— Não tenha dúvidas, são os três! Vamos fazer uma nova visita.

— Aonde vamos?

— Não é aonde, mas quem vamos ver.

— Quem?

— Vamos conhecer seu tutor. Você não gostaria de conhecê-lo?

— Adoraria. Mas como sei que meus gostos não serão...

— Engano seu! Vamos a pedido dele e não para satisfazer o seu gosto.

— Em que região superior vamos encontrá-lo?

— Não é região superior.

Após os preparativos, partiram os dois em companhia de uma caravana socorrista às regiões abismais. Antero sofreu os lances do caminho. Amparado devidamente, suportou o clima e as lutas do local. Ao chegarem a certo ponto:

— É aqui – disse doutor Inácio, em estado de profunda concentração.

— E onde está meu amigo espiritual? – atalhou o doutrinador.

— Venha. Vou lhe mostrar.

— O que é isso?

— O que você vê, Antero?

— A mesma cena do Centro Espírita Discípulo da Nova Luz.

— Vá narrando...

— Espíritos babando. Trabalhadores estalando dedos. Almas rolando de dor no chão malcheiroso. Retirada de objetos do perispírito das entidades e... que é aquilo, doutor?

— Um rinoceronte-alma.

— Um espírito em forma de animal? – disse o aprendiz, com indisfarçável mal-estar. — Achava que era fantasia dos livros mediúnicos! Meu Deus!

— Narre mais, Antero. Preciso de sua visão profunda.

— Aquele homem de guarda-pó verde-claro parece introduzir as mãos dentro da cabeça daquele rinoceronte. Meu Deus! O que é aquilo?!

— Continue, Antero, não me pergunte nada.

— São excrementos vivos. Espalham-se! Que nojo! Que fedor! Quantos ruídos fazem essas coisas! Estou me sentindo muito mal. Parece que vou desfalecer.

Antero caiu literalmente ao chão. Foi levado para a enfermaria do Hospital Esperança e cuidado com carinho. No dia seguinte:

— Antero! Antero! – chamava-lhe o doutor Inácio à sua cabeceira.

— Ah! O que aconteceu comigo? Tenho muita náusea. Pesadelos sem conta me assaltaram.

— Está tudo bem! É a crise do "já desencarnei".

— O senhor não tem jeito, doutor! – falou com extrema dificuldade. – Que cena horrível! Em todo meu tempo de doutrinação, mais de quarenta anos, nunca ouvi nenhuma narrativa de tal lugar. Quem são aquelas criaturas?

— São os espíritos assistidos no Centro Espírita de Antônio Chrisóstomo, aquele que o senhor sempre criticou pelos trejeitos adotados.

— Então quer dizer que os médiuns não eram anímicos?

— Não. Você se apegou tanto à forma que não viu os espíritos. Os médiuns daquela casa trabalham com amor. Por isso fazem o que fazem. Aquela casa realiza o trabalho que tem sido rejeitado pelos que se consideram preparados.

— Preparados?

— Os que julgam saber tudo sobre mediunidade e se atolam nos preconceitos e padrões.

— Mas, doutor Inácio! E a doutrina? Como fica?

— Fica como deve ser.

— E como deve ser?

— Livre, criativa, responsável e universal.

— É muito para minha cabeça!

— Sua cabeça precisa mesmo ser cuidada. Como psiquiatra do Além, costumo chamar os quadros dos intelectuais da doutrina como loucos pacíficos e controlados. Após a morte, porém, adoram desmaiar.

— Não zombe de mim, doutor Inácio!

— Nem comecei! Vá se preparando...

— E aquele homem de guarda-pó com as mãos cheias de... Ai, nem quero lembrar! Quem é ele?

— Seu tutor.

— Fale sério, por favor!

— Seu nome é Anísio. O avalista de sua encarnação é mentor do centro que você acusava. Trabalhador exemplar dos abismos. Quando o enviou ao corpo, contava com sua inclusão nos serviços de amor aos desencarnados. Todavia, o senhor gostava mesmo era de bater papo e fazer evangelização de espíritos. Esse é o motivo de minha ironia – acho que ele está meio cansado de seu palavreado.

Antero não suportou. Chorou como criança ante as novas revelações. Doutor Inácio, afetuosamente, dispensou-lhe atenção, segurando suas mãos. Depois do desabafo, ele falou:

— Falhei, não foi, doutor Inácio?

— Nada disso! Perdeu oportunidades! Seu trabalho é reconhecido por aqui. O senhor apenas tropeçou onde muitos têm tropeçado: cérebro congestionado e pouca ação.

— Explique melhor.

— Muito conhecimento, folha de serviço, tempo de experiência, cargo, tudo isso junto. Quando a alma não tem vigilância e maturidade, termina em preconceito e presunção, os dois ingredientes de uma das mais típicas doenças da mente: a ilusão.

— Então não terei trabalho aqui?

— Pelo contrário, há muito serviço. Anísio espera toda colaboração espontânea. Você ajudará muito afastando os efeitos nocivos de suas ideias entre aqueles que foram influenciados por suas acusações de pureza filosófica.

— E Anísio, quando virá me ver?

— Talvez nunca. Ele continua esperando o senhor no trabalho.

— Nos abismos?

— E também no centro espírita que o senhor criticou a vida inteira, pois ele é o espírito superior que zela por aquela casa e por Antônio Chrisóstomo, uma alma querida de seu coração.

Reunindo toda a literatura mediúnica enviada até hoje à Terra, temos um tesouro imensurável para levar a humanidade aos roteiros do amor. Entretanto, todo esse volume de informações é apenas um grão de areia na praia cósmica da imortalidade.

O relacionamento entre os dois planos da vida apenas engatinha em explicações. O cérebro físico, como é natural ocorrer, é uma máquina divina cujo fim é adequar a alma ao mundo dos sentidos físicos, impedindo-a de criar e sentir as noções livres de espaço e tempo, onda e campo em suas variadas dimensões.

A exemplo de Allan Kardec, será prudente que cada sessão seja um laboratório de amor. Amparo e caridade, investigação e pesquisa hão de se conjugar para melhor aprender e servir.

Se não compreende, não acuse! A acusação ou a indiferença aos serviços alheios será sempre uma sentença lavrada contra a própria consciência. Assuma com humildade seus limites quando se julgar incapaz de avaliar. Evite opiniões conclusivas ou comuns em assuntos da mediunidade.

O caso de Antero é um exemplo, entre muitos, do quanto a imortalidade amplia nossa visão.

Alguns desses casos têm custado muita dor e angústia, inclusive a companheiros de ideal doutrinário.

Verifica-se uma tendência de adotarmos como modelos as atividades da casa onde participamos, deixando de perceber o valor das vivências das outras casas. O clima de diversidade operacional é a grande riqueza do Espiritismo, pois todas as atividades de serviço serão capazes de demonstrar os princípios de seus fundamentos filosóficos. Não devemos esquecer que a tarefa mais importante é a que realizamos no íntimo, com nós mesmos. Essa tendência de supervalorização daquilo que construímos é o reflexo dos particularismos, um resultado inevitável do relaxamento com os cuidados que devemos ter para com os irmãos de ideal, aqueles que também estão em serviço de crescimento.

Rever conceitos e repensar caminhos são as únicas alternativas possíveis ao erguimento da obra regenerativa na humanidade.

Inspiremo-nos na atitude de Jesus na magnífica passagem evangélica que narra o encontro com o doutor Nicodemos:

"[...] Tu és mestre de Israel e não sabes isto?"[35]

Precisamos nos desapegar de nossas crenças e ter a coragem de experimentar o novo. Procuremos adotar a posição das crianças em meio aos sábios. É necessário desaprender o aprendido. Recomeçar quantas vezes se fizerem necessárias. Isso não é um ato de irresponsabilidade. Quando pautado no amor e sem interesses pessoais, é serviço valoroso na edificação do mundo regenerado, sobretudo, dentro de nós.

Reavaliando conceitos, relembremos a questão sobre espíritos superiores. Entre outras profundas anotações, diz Allan Kardec:

---

[35] João 3:10.

"[...] Afastam-se, porém, daqueles a quem só a curiosidade impele, ou que, por influência da matéria, fogem à prática do bem".[36]

Essa foi a atitude de Antero em razão da neurótica necessidade de preservar a pureza de princípios que dispensam nossos excessos.

O prazer de viver na casa terrena é o resultado de uma participação consciente em favor dessa família espiritual que, muitas vezes, nos pátios da loucura, se transforma em rinocerontes e espécimes raros, mendigando amor e paciência nos roteiros da evolução.

---

[36] *O livro dos espíritos*, questão 111, Editora FEB.

"Ditosos serão os que houverem trabalhado no campo do Senhor, com desinteresse e sem outro móvel, senão a caridade! Seus dias de trabalho serão pagos pelo cêntuplo do que tiverem esperado." (O Espírito de Verdade, Paris, 1862.)

O Evangelho segundo o Espiritismo,
capítulo 20, item 5.

[Capítulo 16]

Convivência fraterna nos Grupos

Ao interpretar o Espírito Verdade, é injustificável que, sob a proteção do Espiritismo, doutrina de lucidez integral, seus trabalhadores se mantenham sempre os mesmos no que diz respeito às relações interpessoais. Então, de que lhes serve ser espírita se não se amam? Se ainda guardam distância uns dos outros? Continuam se reunindo sem se conhecerem? Trabalhando sem se descobrirem? Sofrendo sem terem alguém para dialogar e indicar uma rota? Ajudando a outros sem se permitirem ser ajudados?

Observamos que os dias atuais têm tirado o tempo que seria desejável para intensificar os relacionamentos nas sociedades espíritas. E, enquanto essa alegação se torna um limite para muitos, por outro lado, muitos que dispõe de tempo não realizam a convivência fraterna que deveria conduzir as relações em seus grupos. Constatamos, então, que temos um problema a solucionar: compartilham-se ideias, tarefas e deveres, mas nem sempre afeto e amizade autênticos.

O estudo e o trabalho têm merecido a atenção dos que frequentam as casas espíritas. Contudo, destacamos que o compartilhar afeto deve receber os cuidados de nossos dirigentes, considerando esse fator como de fundamental importância ao crescimento espiritual de seus trabalhadores e mesmo ao equilíbrio das próprias atividades.

A boa convivência será sempre o reflexo das relações que temos conosco e, por isso, cuidemos da nossa vida emocional e psicológica. Que os diretores se organizem para investir nesse sentido junto aos frequentadores, trabalhadores e coordenadores de suas instituições.

Devemos efetivar uma campanha pela fraternidade entre os trabalhadores espíritas! Onde o amor floresce e o perfume da fraternidade se espalha.

As sociedades espíritas fraternas são construídas por relações afetuosas e amadurecidas, na vivência ética das lições cristãs que resultam em uma convivência sadia e motivadora.

Estamos habituados a construir paredes e a reunir pessoas. Agora chegou o instante esperado para nos estabelecermos como grupos, nos quais as pessoas se reúnem e se unem, criando um vínculo fraterno, fomentador das mais ricas experiências emocionais da nossa espiritualização.

E como o amor não é sentimento parado e imprevisto, devemos assinalar algumas ações-exercícios que nos despertarão na nossa intimidade, e que nos irão canalizar para nossa estrutura emocional, a fim de despertar hábitos e comportamentos plenos de sensibilidade e ternura.

Anotemos, então:

- Habilidade para saber discordar.
- Assertividade dos sentimentos.
- Espírito de equipe.
- Esforço no domínio das más inclinações.
- Cultivo da oração pelos integrantes do grupo.
- Aperfeiçoamento diário da convivência.
- Priorização do dever de cada dia.
- Delegação confiante de responsabilidades.
- Valorização incondicional dos participantes.
- Arte de comunicar.

- Diálogo.
- Alteridade.
- Cativar dos laços de amor.
- Amor a si mesmo.
- Crenças otimistas.
- Cooperação espontânea.
- Vivência moral sadia.

A carência humana de afeto é uma tragédia de proporções incomparáveis na história. Graças a ela, assistimos à queda de lares, fuga para os vícios, depressão inoportuna, inversão dos valores morais e ao engano da ilusão que aprisiona o ser nas algemas da solidão. Nesse contexto, a casa espírita deveria se constituir em um oásis de esperança e refazimento para os cidadãos sofridos com a ingratidão e o desvalor que a sociedade lhes impõe.

Muitos enriquecem na abundância de bens; entretanto, são almas vazias do alimento da estima. Para esses, a casa de Jesus e Kardec deve ser o ambiente de renovação e acolhimento, no qual encontrarão o alimento do carinho e as bênçãos de uma família espiritual.

O ser humano tem medo de amar. Um dos motivos é não saber como seu amor será acolhido. Alguns, não tendo elaborado satisfatoriamente a sublimação de traumas e rejeições, não sabem conviver bem com a intimidade dos relacionamentos. Sofrem com os monstros das fantasias e neuroses sem conta, que os levam a um colapso das forças internas e abrem campo fácil para as obsessões afetivas e sexuais.

Contudo, não podemos mais nos permitir viver pelo temor, fugindo de amadurecer nossas emoções.

Ao constituirmos as sociedades espíritas fraternas, estaremos formando as bases para um tempo mais promissor no que diz respeito aos destinos de nossa seara bendita e criando o ambiente seguro para nossas manifestações iniciais na arte de amar.

O caminho é, sem dúvida, nos dirigirmos para o objetivo a que se refere o Espírito Verdade, conduzindo-nos dentro da escola doutrinária como alunos em regime de aprendizado intensivo e buscando, sobretudo, a melhoria de nós mesmos na superação de nossas mazelas morais.

Educar-se e espiritualizar-se é a meta.

E quando aprendermos a viver fraternalmente em nossas próprias casas espíritas, reuniremos melhores condições para o clima da bondade em campos mais amplos e responsabilidades maiores na interligação de amor que a todos deve enlaçar nos serviços de restauração do Cristianismo.

Amar incondicionalmente é o caminho.

Sigamos Paulo, apóstolo de Jesus, que pronunciou uma inspirada poesia nascida nas fontes de seu exemplo de amor, quando disse: "Eu de muito boa vontade gastarei, e me deixarei gastar pelas vossas almas, ainda que, amando-vos cada vez mais, seja menos amado".[37]

Da mesma forma, convém relembrar a excelência da recomendação de Allan Kardec, que propõe:

> "[...] Para o objetivo providencial, portanto, é que devem tender todas as Sociedades espíritas sérias, grupando todos os que se achem animados dos mesmos sentimentos. Então, haverá união entre elas, simpatia, fraternidade, em vez de vão e pueril antagonismo, nascido do amor-próprio, mais de palavras do que de fatos; então, elas serão fortes e poderosas, porque assentarão em inabalável alicerce: o bem para todos; então, serão respeitadas e imporão silêncio à zombaria tola, porque falarão em nome da moral evangélica, que todos respeitam".[38]

---
37   2 Coríntios 12:15.
38   *O livro dos médiuns*, capítulo 29, item 350, Editora FEB.

"Ditosos serão os que houverem trabalhado no campo do Senhor, com desinteresse e sem outro móvel, senão a caridade!"[39]

O perfume da fraternidade espalha-se onde existem canteiros de boa convivência.

---
[39] *O Evangelho segundo o Espiritismo*, capítulo 20, item 5, Editora FEB.

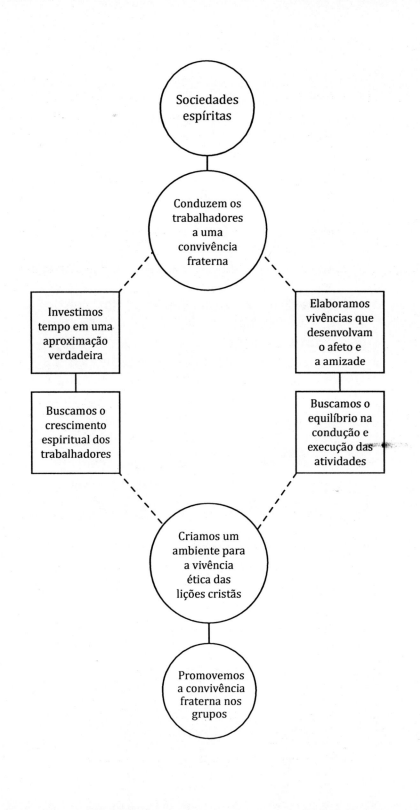

"Pensam alguns que, estando-se na Terra para expiar, cumpre que as provas sigam seu curso. Outros há, mesmo, que vão até o ponto de julgar que, não só nada devem fazer para as atenuar, mas que, ao contrário, devem contribuir para que elas sejam mais proveitosas, tornando-as mais vivas. É certo que as vossas provas têm de seguir o curso que lhes traçou Deus; dar-se-á, porém, conheçais esse curso? Sabeis até onde têm elas de ir e se vosso Pai misericordioso não terá dito ao sofrimento de tal dos vossos irmãos: 'Não irás mais longe?' Sabeis se a Providência não vos escolheu, não como instrumento de suplício para agravar os sofrimentos do culpado, mas como o bálsamo da consolação para fazer cicatrizar as chagas que sua justiça abrira? [...]" (Bernardino, Espírito protetor, Bordéus, 1863.)

O Evangelho segundo o Espiritismo, capítulo 5, item 27.

[Capítulo 17]

Aos cuidadores
de almas

Acordar todos os dias com a chama da esperança acesa.

Acreditar que merecemos ser felizes.

Saber escolher os caminhos para construir os nossos sonhos e desejos de modo digno.

Gostar do mundo e das pessoas como são.

Ter uma relação de amor consigo mesmo.

Saber sorrir nos momentos mais difíceis.

Ser grato e alegre em todas as situações.

Divertir no cumprimento do dever.

Alcançar leveza no ato de viver.

Quem não gostaria de experimentar esses prazeres na vida?

O prazer de viver é a maior conquista das pessoas livres, felizes e conscientes.

O foco do prazer de viver é este: a perda de quem achávamos que éramos – o falso eu – e o encontro com o eu real. Só existe prazer de viver quando há plenitude. É necessário haver uma harmonia entre as partes que sufocamos, tudo aquilo que achávamos que éramos, e a busca do que somos em verdade, a nossa singularidade.

Essa busca particular pela nossa individuação é intercalada pelo medo do autoenfrentamento. Por esse motivo, bilhões de pessoas lutam para sobreviver sem realmente conseguir existir. Passam pela vida sem permitir que ela passe por sua alma.

Para os que se encontram abençoados com a luz da Doutrina dos Espíritos, este desafio de talhar sua identidade cósmica surge quando não usamos a inteligência para aplicar nossas intenções e aspirações sob o suporte da dignidade. Quantos desistem de seus sonhos e de suas vocações por não conseguirem desenvolver uma ação responsável e conciliatória entre sua realidade pessoal, em conflito com aquilo que seria ideal, segundo o Espiritismo? Alguns espíritas, sobre este tema, desenvolvem a ideia do carma para justificar a acomodação por não lutarem por sua própria felicidade. É mais fácil pensar assim do que confrontar os próprios sentimentos e desejos e aprender a lidar com todos eles de modo honesto.

Esse adiamento pelo nosso caminho pessoal inevitavelmente nos conduzirá ao encontro de uma intrigante benfeitora da alma: a angústia, que é o lamento sofrido da alma que suplica novos rumos.

A angústia é o sinal profundo da alma a dizer: "É hora de decidir! Hora de ser feliz! Chega de mentiras e ilusões! Ninguém progride sob o manto da idealização!". Angústia é um sintoma de que algo necessita ser colocado no seu devido lugar na intimidade profunda de nós mesmos.

Mesmo a dor é estrada para a felicidade. Na verdade, é um convite da vida reclamando nossa integração com as leis grandiosas de Deus, criadas para o nosso próprio bem.

Quando muito ignorada, essa angústia é o caminho da depressão e da descrença, o efeito culminante das dores da alma não resolvidas quando a vida nos chama para curá-las. Descrença no ato de viver, na própria existência. Uma ausência total de um sentido para existir. Uma pessoa descrente é alguém sem esperança, sem alegria e sem fé nos dias futuros. E como caminhar sem a energia da esperança?

Diante das provas da Terra, Bernardino, espírito protetor, dirige uma das mais sábias questões sobre nossa postura na condição de cuidadores da educação espiritual de almas: "Sabeis se a Providência não vos escolheu, não como instrumento de suplício para agravar os sofrimentos do culpado, mas como o bálsamo da consolação para fazer cicatrizar as chagas que a sua justiça abrira?"[40] Qual será, pois, a postura mais educativa dos cuidadores da alma nestes tempos de transição? Cultivadores do suplício ou dispensadores da consolação? Nutridores da culpa ou educadores da responsabilidade? Instrumentos do medo ou agentes da esperança? Investigadores das imperfeições ou orientadores da vocação individual? Curadores de feridas psicológicas ou promotores de valores morais? Como tornar-se um treinador emocional na aquisição de qualidade de vida? Como tornar-se um operador da felicidade em tempos de desorientação e crise? Como alcançar a condição de operário do prazer de viver? Como o centro espírita poderá alcançar a condição de escola libertadora dos sentimentos? Que roteiros poderão inspirar nossas atividades abençoadas na Doutrina Espírita, objetivando tornarem-se espaços de educação integral? Que passos devemos dar para que a casa doutrinária seja um ambiente que nos favoreça a assumir nossa humanidade sem derrapar na fuga e na ilusão? Como fazer para que a nossa existência seja uma obra de arte no esplendor da criação de Deus?

Prazer de viver, eis a meta que devemos todos adotar a cada dia da caminhada.

"Renda-se, como eu me rendi. Mergulhe no que você não conhece como eu mergulhei. Não se preocupe em entender, viver ultrapassa qualquer entendimento." Esta pérola da poetisa Clarice Lispector é um tributo ao ato de viver. Viver vai além de nossa compreensão imediata.

---

40   *O Evangelho segundo o Espiritismo*, capítulo 5, item 27, Allan Kardec, Editora FEB.

O ato de viver existe para depois surgir o sentido. Quem quer raciocinar a vida em demasia deixa de viver. A vida só existe na realidade, e a realidade é o espelho do que sentimos no mais profundo do nosso ser. Talvez, por este motivo, Jesus, o Cuidador de almas, afirmou: "O reino de Deus não vem com aparência exterior".[41]

---

[41] Lucas 17:20.

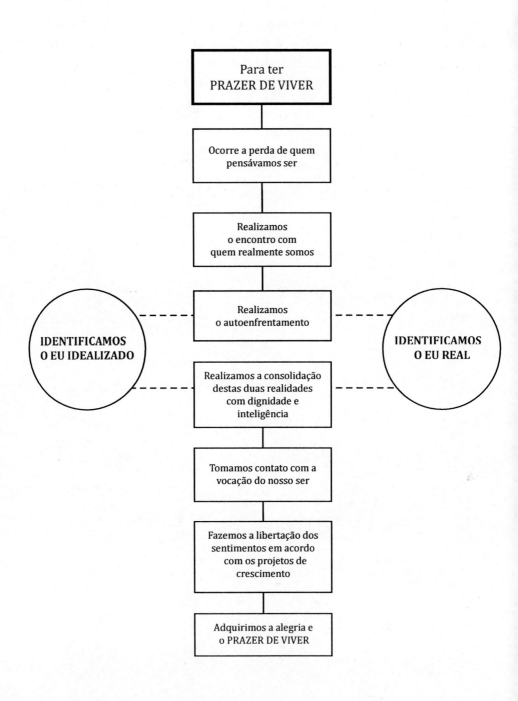

"Prazer de viver, eis a meta que devemos todos adotar a cada dia da caminhada."

"Apenas Deus, em sua misericórdia infinita, vos pôs no fundo do coração uma sentinela vigilante, que se chama consciência. Escutai-a, que somente bons conselhos ela vos dará. Às vezes, conseguis entorpecê-la, opondo-lhe o espírito do mal. Ela, então, se cala. Mas, ficai certos de que a pobre escorraçada se fará ouvir, logo que deixardes aperceber-se da sombra do remorso. Ouvi-a, interrogai-a e com frequência vos achareis consolados com o conselho que dela houverdes recebido."

(Um Espírito protetor, Lião, 1860)
O Evangelho segundo o Espiritismo,
capítulo 13, item 10.

[Capítulo 18]

Sensibilidade mediúnica

Retornar ao corpo físico é assinar um contrato de responsabilidade individual diante da consciência, que emite apelos de melhoria contínua. É o objetivo maior de nosso retorno à escola terrena.

Desde o estágio nas faixas da evolução no reino vegetal, o princípio inteligente desperta para a sensibilidade, preparando-se paulatinamente a conquista dos cinco sentidos humanos para perceber e interagir com a criação. Agora, nas faixas da humanização, a criatura é convocada a inadiável compromisso na expansão da sensibilidade, para desenvolver os seus infinitos potenciais no campo dos sentimentos.

É necessário que nos eduquemos para ouvir nossa consciência por meio da leitura das emoções, espelho vivo das sugestões da intimidade profunda. Sensibilidade é a capacidade de sentir a natureza das forças excelsas que estão em nossa intimidade. O contato com essa parcela de luz dilata e eleva nossas percepções para o mundo objetivo.

Pascal afirma: "Estejam sempre as vossas ações de harmonia com a vossa consciência e tereis nisso um meio certo de centuplicardes a vossa felicidade nessa vida passageira e de preparardes para vós mesmos uma existência mil vezes ainda mais suave".[42]

---

42   *O livro dos médiuns*, capítulo 31, dissertação XIII, Allan Kardec, Editora FEB.

A arte de escutar os apelos da consciência estabelece uma identificação com o *Self*, liberando o potencial criativo da mente e conectando-a com as correntes energéticas da suprema Verdade. Semelhante operação da vida interior é dinamizada no sagrado terreno dos sentimentos, promovendo o homem à condição de herdeiro legítimo da herança Paternal.

Pulsando em sintonia afetiva com a Verdade, deciframos os códigos ocultos daquilo que nos cerca a marcha evolutiva. Assim, habilitamo-nos a compreender melhor a vida, passando a agir e reagir baseados em uma visão rica de serenidade. Nos tornamos "senhores de nós mesmos".

Os médiuns usufruem de uma sensibilidade-empréstimo que os capacita a serem tradutores da vida nas suas mais variadas formas de manifestações. Como canais de sensitividade ampliada, encontram na faculdade mediúnica uma ponte entre a personalidade viciada pelas ilusões e a consciência, numa realidade que caminha entre o que se pensa ser e o que se é realmente. Mediunidade é o bisturi eficiente para romper as carapaças das ilusões, que são prisões da mentira aduladora do orgulho. A mediunidade, antes de dilatar a sensibilidade para fora, dilata-a para a intimidade, constrangendo docemente os medianeiros a sentir com mais honestidade suas irradiações subconscientes, ou, ainda, compelindo-os a descobrir os tesouros na arca de sua superconsciência.

Quaisquer intercâmbios de ideias são antecedidos por complexo processo nas engrenagens do coração. O processamento da ideia passa antes por uma decodificação afetiva. É nesse campo da vida mental que os trabalhadores da mediunidade necessitam desenvolver melhores habilidades.

O trecho da codificação anterior diz: "*Às vezes, conseguis entorpecê-la, opondo-lhe o espírito do mal. Ela, então, se cala. Mas,* ficai certos de que a pobre escorraçada se fará ouvir, logo que lhe deixardes aperceber-se da sombra do remorso". Como somos capazes de entorpecer a consciência? Que mecanismo pode calá-la? Como e quando é gerado o remorso?

Quanta investigação a fazer sobre a vida interior! Sensibilidade é fruto de aprendizagem ou de maturidade espiritual?

O médium que melhor interpretar seus sentimentos e educá-los terá maiores possibilidades de recolher as ideias dos Bons Espíritos. Educar a mediunidade é expandir os núcleos sensíveis do ser interior, aprendendo a sentir a vida em sintonia com Deus, com o próximo e a sua natureza singular.

Se o século 20 foi o período da inteligência, o século 21 é o tempo da intuição livre, consagrando a arte de sentir como o sexto sentido do homem.

Sentimento é mediunidade. Sensibilidade é a base da vida afetiva saudável.

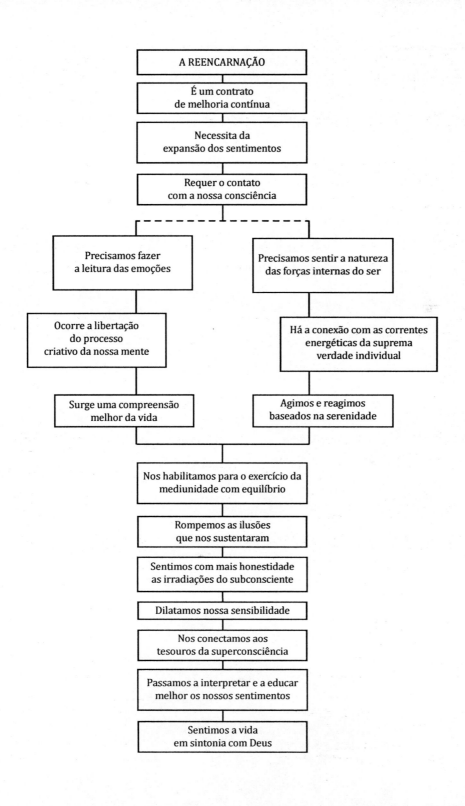

"O orgulho vos induz a julgar-vos mais do que sois; a não suportardes uma comparação que vos possa rebaixar; [...]."

O Evangelho segundo o Espiritismo,
capítulo 9, item 9.

[Capítulo 19]

Traços do orgulho

Uma das necessidades mais naturais do ser humano é poder contar com a aprovação e a admiração alheia, nas quais encontra o afeto, o carinho e o estímulo para a sua caminhada de cada dia. Algumas pessoas, no entanto, são prejudicadas durante todas as fases da existência em função de problemas traumáticos da infância. Tornam-se pedintes viciados da atenção e reconhecimento dos outros para preencher a carência de autovalor que não conseguem encontrar em si mesmas.

Entre esses traumas lamentáveis a que são submetidas muitas crianças, verificamos a presença da insensibilidade de muitos pais e mães no que diz respeito às mais essenciais atitudes a serem adotadas: amá-las e ajudá-las a construir um autoconceito centrado na realidade. Alguns pais, desavisados, negligentes ou mesmo maldosos, vão mais além e promovem desastres de rejeição e leviandade com o filho, deixando marcas emocionais profundas para o futuro. A partir desses delitos morais se instala uma fixação psicológica na personalidade infantil que exigirá amplo regime reeducativo para se libertar. O que deveria constituir uma fase de desprendimento do culto a si mesmo acaba atingindo o nível de neurose e perturbação.

Evidentemente, se o espírito já renasce com uma baixa autoestima, essas lutas da infância serão agravantes consideráveis na sua formação mental. Por outro lado, se a alma já conquistou autonomia e as diversas habilidades decorrentes do autoamor, encontrará recursos para superar os dramas do lar e avançar em direção à maturidade sem maiores dores.

Para compensar essa carência de estima e admiração, sejam quais forem suas raízes no tempo, a criatura recorre instintivamente ao orgulho. Sentimento que dilata a sensação de importância pessoal, com o qual tenta se proteger das ameaças que experimenta constantemente na vida inconsciente, em reação ao meio em que convive. É muito importante esse processo que se desenvolve numa silenciosa competição com todos à sua volta, em crises de narcisismo sutil, mas muitas vezes perceptíveis. No fundo, a alma se protege inconscientemente das agressões sofridas no período infantil ou em vidas anteriores que lhe renderam terríveis sentimentos de perda, insegurança e medo.

Quando alguém experimenta estes comportamentos voltados exclusivamente para si mesmo, estabelece-se um quadro de atitudes que merece ponderada análise de todos nós, ante a gravidade que pode atingir o comportamento.

A realização das atividades espirituais, nesse contexto emocional, ganha conotação de destaque pessoal como se fossem grandiosas missões. A cultura humana estimula tais posturas e premia os servidores adoecidos com *status* de pequenos deuses, sobre os quais recai incomparável poder. Caso não utilizem os antídotos eficazes da oração e da vigilância, da modéstia e da abnegação, tais tarefeiros podem sucumbir sob pesadas responsabilidades que assumiram, sem se encontrarem em condições apropriadas para exercê-las harmônica e honestamente.

Os cooperadores orgulhosos tecem uma complexa rede de vibrações que lhes consomem energia na manutenção de tudo o que possa alimentar seu personalismo e sua autoimagem exagerada. O vazio existencial que carregam é similar a um cruel exaustor de forças, que são absorvidas pelo circuito mental viciado na nutrição enfermiça do prestígio pessoal.

O orgulho, em tese, é um sistema que bloqueia ou perturba a sensibilidade porque os orgulhosos não gostam de ouvir nem mesmo a própria consciência que se expressa no espelho dos sentimentos. Clarear esse espelho é limpar a impureza da ilusão que distorce a autoimagem.

No intuito de reexaminar condutas e reeducar hábitos, listemos, enquanto é tempo, alguns traços que dizem respeito aos tarefeiros espíritas que caminham para essa delicada linha de conduta e para a insanidade aceitável nos quadros enfermiços do orgulho:

- Esperam ser aceitos em quaisquer situações e não convivem bem com a crítica.

- Acreditam excessivamente em sua experiência e conhecimento, supondo que nada mais necessitam aprender.

- Ofendem-se e criam ressentimentos, declarados ou ocultos, com quem os corrige ou lhes chama a atenção.

- Sentem-se com direitos especiais nas instituições que trabalham.

- São incapazes de analisar a si mesmos sem relacionarem a presença das interferências espirituais, criando um mundo de ideias e imaginações desconectado de seus verdadeiros sentimentos.

- Estão sempre destinados a fundar grandes obras de caridade com as quais se autocondecoram em alucinações de grandeza.

- Muitos chegam a achar justos os recursos materiais que são oferecidos a eles para compensar os sacrifícios na tarefa.

- Abusam da crença alheia com teorias espirituais para despertar paixões afetivas com as quais procuram preencher suas próprias carências.

- Falam excessivamente de si mesmos e raramente valorizam as experiências alheias.

- Só encontram explicações para os problemas humanos com base no fenômeno mediúnico, estimulando o misticismo e a ignorância.

- Submetem suas escolhas mais singelas à opinião dos guias espirituais.

- Adotam a rejeição sistemática a quem fuja dos padrões morais que nem eles ainda conseguiram adquirir para si mesmos, repetindo pela vida afora a atitude de seus educadores infantis.

- Consideram-se indispensáveis aos projetos da causa espírita.

Façamos um exame sincero de tais condutas para não julgar sermos mais do que realmente somos.

Nosso autoconceito
determinado pelo orgulho

Cria uma
dependência da aprovação
e da admiração alheia

Dependemos do outro
para encontrar afeto,
carinho e estímulo

Buscamos a referência
pessoal na atenção e
reconhecimento alheios

Agravamos
a baixa autoestima

Criamos uma silenciosa
competição com todos

Armamos mecanismos
de proteção inconsciente do
medo, da perda e da insegurança

Consumimos muita energia na
manutenção do personalismo
e da autoimagem exagerada

Entramos em um
processo de exaustão de
forças no circuito mental viciado

Mantemos uma nutrição
enferma do prestígio pessoal

["O orgulho, em tese,
é um sistema que bloqueia
ou perturba a sensibilidade..."]

"Assim não deve ser entre vós; ao contrário, aquele que quiser tornar-se o maior, seja vosso servo; e aquele que quiser ser o primeiro entre vós seja o vosso escravo [...]"

(Mateus 20:20 a 28)
O Evangelho segundo o Espiritismo,
capítulo 7, item 4.

[Capítulo 20]

Sob a hipnose da vaidade

Antônio experimentava a amargura das lutas no movimento doutrinário. Líder consagrado e influente em sua região, via-se cercado por intrigas, brigas e mentiras. Os anos de experiência não impediram a sensação de derrota diante dos desafios. Sustentava-se cultivando a ideia de que desempenhava importante papel em nome do Cristo. Orava, pedia ajuda e prosseguia.

Certa vez, depois de sentida oração, bendita inspiração chegou-lhe à mente. Recordou-se do pequeno centro umbandista no qual, há mais de vinte anos, iniciou sua trajetória de espiritualização. Pensou: "Voltarei lá, não custa tentar, embora não creia que tenha muito a ajudar em meus testemunhos".

Após a abertura dos trabalhos noturnos, um singelo preto velho o atendeu:

— *Muzanfio tá* que nem enxame de *abeia*. Todo picadinho. *Muzanfio* tem que se *alimpá*. Foge da mentira, *muzanfio*, senão ela vai te *arruiná*.

Antônio saiu descrente. Teceu críticas e assegurou que não esperava mais do que isso. "Isto é falta de esclarecimento. A Umbanda realmente é para pessoas incultas" – pensava ele.

Ao repousar, desligou-se do corpo tomado de intensas pressões íntimas. Sob amparo do espírito protetor, foi trazido ao consultório do doutor Inácio Ferreira, no Hospital Esperança.

O médico uberabense, rico de humor, recebeu-o nesses termos:

— Antônio, Antônio, são duas horas da madrugada. Veja se é hora de consultório estar aberto!

— Doutor Inácio, que bom revê-lo! Ainda bem que está aberto!

— Sua ficha está em minha mesa.

— Que bom! Estou pedindo socorro.

— Já estou informado do que se trata. Venha comigo, vamos ao pavilhão dos dirigentes.

Chegando ao local, esclareceu o médico:

— Antônio, veja essas criaturas!

— Estão dormindo?

— Quase. Foram sedadas.

— Sedadas?! Hum! Posso saber do que se trata?

— Sim. Foram dirigentes espíritas no plano físico.

— Por que estão sedados?

— Passam por rigoroso tratamento.

— E estas feridas pelos seus corpos?

— Não são feridas. São cristalizações psíquicas.

— Cristalizações?

— Este é um dos efeitos mais comuns dos conflitos não resolvidos, meu filho. O conflito é a desarmonia entre pensar e sentir. A luta evolutiva constitui o equilíbrio dessas potências da alma. A mente humana aprendeu o mecanismo da negação e acostumou-se a ele, que é uma forma ilusória de fugir de si mesmo. Os impulsos inconscientes, no entanto, dinamizam-se involuntariamente, convidando-nos à transformação, mas ao desprezá-la se estabelece o clima interno de angústia. A angústia persistente gera camadas energéticas na mente que são automaticamente expelidas para o corpo perispiritual, para alívio da pressão mental. Essas camadas, com o passar do tempo, tornam-se canais de absorção ou *plugs* mento-eletromagnéticos. Assemelham-se a acnes de coloração amarelo-pálida. São campos de magnetização para o parasitismo psíquico. Ovoides e formas vivas não inteligentes se ligam em sua órbita com grande facilidade, agravando a saúde psicológica a caminho das perturbações.

— Mas nossos irmãos não foram dirigentes?

— Sim, e daí?

— Não deveriam estar em melhores condições espirituais?

— Disse bem: Deveriam! Trabalharam muito em favor dos outros e quase nada realizaram na intimidade.

— Como classificar a doença de que padecem?

— Depressão por parasitismo.

— Difícil acreditar!

— Pois acredite. Quem vê muitos espíritas encarnados escrevendo livros ou servindo na mediunidade, dirigindo centros ou fazendo palestras, não imagina a natureza dos dramas espirituais que os acompanham. O corpo deles é como uma roupa limpa colocada em cima de feridas que, pouco a pouco, se alastram.

— Doutor Inácio, estou chocado! Inacreditável!

— Não queira saber quanto tempo passei em tratamento por aqui, apenas para tirar as coisas que se alojaram em meu pulmão de fumante! Existe muita ingenuidade e desinformação entre os companheiros sobre os efeitos de se envolver com interesses coletivos e o coração cheio de humildade, mas sem proteção espiritual.

— Agora estou ficando preocupado é comigo.

— Por que, Antônio?

— Será que também sofro de algum desses quadros?

— Vou sintetizar para você entender: *"Muzanfio tá* que nem enxame de *abeia*. Todo picadinho. *Muzanfio* tem que se *alimpá*. Foge da mentira, *muzanfio,* senão ela vai te *arruiná".*

— Doutor Inácio! Então o senhor estava lá no centro umbandista?!

— Pior! Fui eu quem falou pelo médium umbandista. Por que acha que o trouxemos aqui esta noite? Veja sua radiografia psíquica.

Após analisar a imagem que assinalava a presença de formas esféricas em sua aura, Antônio entristeceu-se e pediu orientação.

— Volte para o corpo e lembre-se de que a vida é uma colheita de trabalho paciente. A produção do mel é complexa ação que não exclui o mergulho nos favos. Tenha coragem de abrir-se, tocar suas feridas emocionais, aceitar seus impulsos mais indignos e tratá-los com amor. Rasgue sua folha de serviços e faça-se livre da pesada máscara das aparências. Seja você mesmo e dê pouca importância para o que falam sobre sua pessoa.

— Tentarei, doutor Inácio!

No dia seguinte, Antônio acordou no corpo. Ao telefonar para um amigo de trabalhos doutrinários, comentou o sonho da noite:

— Imagine você, agora tive a esperada confirmação. Na colmeia de nosso movimento, tenho uma enorme missão. Fui esclarecido nesta noite sobre os vários favos ou casas espíritas que tenho de ajudar. Existem no movimento espírita muitos furos ou focos de infecção que eu posso curar. Não tenho mais dúvidas, sou o zangão.

"O conflito é a desarmonia
entre pensar e sentir."

"Amai, pois, a vossa alma, porém, cuidai igualmente do vosso corpo, instrumento daquela. Desatender as necessidades que a própria Natureza indica, é desconhecer a lei de Deus."

(Jorge, Espírito protetor, Paris, 1863)
O Evangelho segundo o Espiritismo, capítulo 17, item 11.

[Capítulo 21]

Descanso e refazimento

O estágio espiritual da Terra é claramente caracterizado pela infância do homem quando se trata dos cuidados com sua máquina física.

Os conceitos humanos de descanso e saúde estão demasiadamente viciados pelas ilusões.

Descanso, para a maioria dos encarnados, significa dilatação de prazeres e sensações corporais que levem ao relaxamento, enquanto saúde quase sempre está associada à beleza e sensualidade.

Com raras exceções, as criaturas passam semanas de trabalho profissional como escravos rebeldes do dever para, nos fins de semana, tornarem-se proprietários relaxados da liberdade. A ausência de prazer durante a semana de lutas é compensada nas folgas por meio de abusos em que tentam tornar intensamente proveitosos os momentos de "restabelecimento". Comem, bebem e dormem em excesso, provocando sensações passageiras de bem-estar em várias viciações de satisfação física. Chamam de diversão as viagens exaustivas a lugares neurotizantes, onde se aglomeram pessoas estressadas e dispostas à indisciplina. Entorpecentes e sexo, mudança alimentar e temperaturas elevadas causam abusos ao organismo físico que não são considerados, enquanto afirmam que descansam mentalmente, eliminando o desgaste.

Depois, retornam para casa com as típicas **depressões domingueiras**, aguardando uma segunda-feira trágica no retorno às obrigações, que cumprem extremamente mal-humorados. Em boa lógica, se o tempo de folga foi usado no descanso, era de se esperar que retornassem felizes, exultantes e mais dispostos ao trabalho.

Nem sempre é o trabalho que causa o cansaço, mas a maneira de trabalhar. A revolta com a profissão, a insatisfação com ofícios contrários às vocações e o descanso malconduzido provocam novas fadigas e depressões que completam seu ciclo nas horas do relaxamento inconsequente.

Nas formas habituais de relaxamento e descanso entre os reencarnados, há uma exaustão de reservas que precisa ser compreendida, em favor da melhor aplicação de seus patrimônios físico e mental. O corpo físico alimenta-se de energias sutis sem as quais sofre dores e desgaste precoce. A vitalidade correta das células tem relação com uma vida harmoniosa, enquanto os abusos podem cortar, pelo menos, uma terça parte do *quantum* energético que sustenta o corpo.

O que se tem chamado de entretenimento e recomposição na humanidade terrena, muitas vezes, não passa de acúmulo de lixo mental. E esse mal é resultante dos costumes mentais com os quais se lida com a máquina física, provocando sobrecarga de funções para alterar o campo hormonal, estimulado a expulsar intensa dose de endorfinas – o analgésico natural – no alívio dessas exigências, causando, então, a passageira sensação de bem-estar. Passado o processo, experimentam-se as consequências em forma de dores variadas, sintomas que denunciam os excessos no estômago, na cabeça, nos músculos, no sistema nervoso, no estado psicológico e no afeto.

Renovemos nossos conceitos! Se fizermos uma análise sensata, constataremos que expressiva parcela dos homens tem trabalhado dois terços da sua vida para arruinar a última terça parte de sua existência corporal, ficando sujeito a doenças e vazios existenciais, curtindo um remorso cruel e uma velhice penosa, como resultados de nossa má utilização dos recursos do corpo físico e de nossos sentimentos.

Os costumes humanos tornaram-se um problema social. Desde a juventude até a fase adulta, aprendemos a viciar nosso corpo para depois ficarmos por conta do doloroso processo de mudança de hábitos na terceira idade, gastando o pouco tempo que nos resta e o dinheiro que juntamos para tentar corrigir os efeitos de nossos abusos.

A manifestação interior dos valores espirituais vai renovando a mente e imprimindo energias saudáveis sobre as células que se habituam às novas formas de absorção dos conteúdos energéticos sutis de saúde e paz, que surgem de diversões e condutas íntegras e equilibradas.

As atividades esportivas, a música elevada, os *hobbys* terapêuticos, a arte da pintura, a leitura edificante, um bom filme, o contato com o sol e a natureza, um pouco mais de sono, uma viagem ocasional, uma breve reunião familiar para rever parentes ou outras iniciativas que contribuam para uma mudança na rotina constituem favores ao organismo físico em razão dos estados mentais e afetivos que decorrem dessas ocasiões.

Nós, seres matriculados na nova escola dos aprendizados da alma, sob as diretrizes seguras da Doutrina Espírita, verificamos que a renovação dos hábitos na vida conduz a novas escolhas no que diz respeito aos roteiros do verdadeiro repouso.

Os trabalhos assistenciais, os estudos, os seminários, os bazares, as viagens doutrinárias, os encontros calorosos nas tarefas, as visitações a enfermos, enfim, os ambientes da casa espírita, constituem a renovação indispensável que nenhuma outra forma de entretenimento nos tem oferecido.

A oração e a meditação em torno dos novos ensinos adquiridos nas realizações doutrinárias preenchem-nos com profundidade e louvor, em razão do contato com as correntes mentais superiores do Universo, proporcionando ao corpo material a recomposição sutil de que necessita para sua durabilidade e defesa.

Uma noção mais lúcida de descanso e refazimento deve fazer parte da vida de todos nós, especialmente daqueles que foram agraciados com a luz dos conhecimentos imortais. A melhor noção de pausa e recuperação deveria ser trabalhar de outra forma, ter uma ocupação útil em vez de se entregar às malhas da inércia e da ociosidade, que consomem e exaurem.

Atualmente, diante dos compromissos assumidos com as Leis Divinas, o trabalho humano assume feições provacionais para multidões de trabalhadores insatisfeitos, levando-os a considerar a hora do trabalho como um momento não gratificante, sendo que o trabalho, em si mesmo, é suporte e alegria para muitas criaturas. Sem sentir-se útil, o ser passa por uma das mais trágicas experiências da vida: o cansaço do espírito. O sentimento de utilidade, de cooperação com a vida e com a sociedade é dos mais importantes e nobres alimentos da alma, razão pela qual os orientadores da codificação afirmaram: "[...] o Espírito trabalha, assim como o corpo. Toda ocupação útil é trabalho".[43]

Vejamos que não foi escrito: "tudo que o Espírito realiza é ocupação útil", porque se a criatura sentir que é útil tudo o que realiza, a colocação daria margem para classificar atividades do mal como ocupações úteis. Disseram os Bons Espíritos que: "Toda ocupação útil é trabalho". Resta-nos analisar o que seja ocupação útil.

E ainda temos de considerar que quem empresta utilidade ao trabalho que realiza é o espírito, por meio de sua relação com a atividade que desenvolve.

---

43   *O livro dos espíritos*, questão 675, Allan Kardec, Editora FEB.

Na Terra, com raríssimas exceções, a maioria de nós ainda não aprendeu o valor de servir, de ser útil ao outro ou à coletividade. Frequentemente, invertemos a ordem e queremos ser sempre atendidos e servidos por nos sentirmos carentes e prejudicados, sentimento que não surgiu por causa de problemas sociais ou educacionais, mas que provém do egoísmo que o espírito já desenvolveu há muitos séculos.

A inércia adotada exteriormente é doença na intimidade. Sentir-se útil é essencial para a saúde. É o descanso verdadeiro.

Para almas como nós, que desejam romper com os estágios primários da evolução, o prazer de viver constitui sinônimo de felicidade e plenitude. Esforcemo-nos por edificar o prazer em bases retas, baseando-nos nas emoções nobres e restauradoras, a fim de que a ilusão dos sentidos físicos, desenvolvida a caminho da queda, não entorpeça nossa razão e nosso bom senso. Saber viver em paz e descobrir nossos tesouros celestes por meio da autoconquista é o roteiro de elevação em favor desse estado de ser.

Que haja muita sensatez entre nós, que cultivamos os propósitos de libertação espiritual, para não tratarmos o corpo como algo desprezível e de menor importância para nossa evolução.

Assim manifestou uma alma querida na Sociedade Espírita de Estudos Parisienses: "Deus tem suas leis a regerem todas as vossas ações. Se as violais, vossa é a culpa. Indubitavelmente, quando um homem comete um excesso qualquer, Deus não profere contra ele um julgamento, dizendo-lhe, por exemplo: Foste guloso, vou punir-te. Ele traçou um limite; as enfermidades e muitas vezes a morte são a consequência dos excessos. Eis aí a punição; é o resultado da infração da lei. Assim em tudo".[44]

---

44 *O livro dos espíritos*, questão 964, Allan Kardec, Editora FEB.

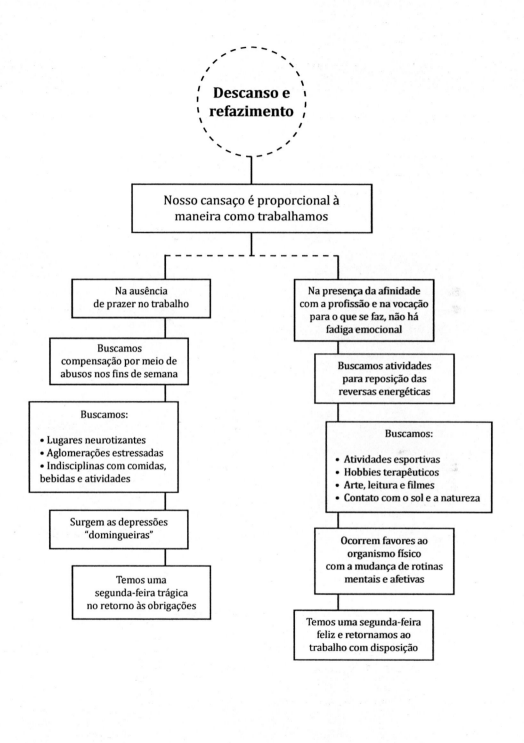

"Toda ocupação útil é trabalho.
Resta-nos analisar o que
seja ocupação útil."

[Entrevista com Ermance Dufaux[*]]

Importância espiritual da meia-idade

[*] Realizada pelo médium Wanderley Oliveira.

1) A senhora confirma a visão da Psicologia sobre a fase chamada meia-idade, na qual acontecem mudanças fundamentais para a vida?

A meia-idade, assim como qualquer um dos ciclos de maturação humana, é revestida de importância decisiva aos projetos de êxito durante a reencarnação.

A grande contribuição ao tema, por parte da psicologia junguiana, é ter estudado com seriedade quais são os acontecimentos emocionais e psicológicos que cercam tal etapa da existência, tornando claras as suas expressões educativas, nem sempre percebidas pela maioria das pessoas.

2) Nesta época há, de fato, uma maior erupção do inconsciente?

Exceto na infância, em que o inconsciente se encontra em condição especialíssima sob a hipnose da vida cerebral, todos os ciclos da vida humana são marcados pela contínua erupção da vida inconsciente.

A juventude é a retomada do patrimônio milenar do espírito, a fase adulta é o período das decisões mais importantes e a terceira idade é o preparo para conviver com a vida verdadeira em sua plenitude, dentro e fora da matéria.

E a própria desencarnação é o ciclo definitivo de colheitas substanciais, quando nos vemos diante de nós próprios como realmente somos.

3) Por que a meia-idade é crucial?

Nela se encerra a manhã da vida, convidando-nos para o entardecer das vivências. O ego já não se encontra completamente absorvido pelas conquistas perecíveis da vida sensorial, permitindo então a movimentação dos apelos profundos da alma em favor de nosso progresso.

O mapa de Deus para nosso destino está no *Self*; todavia, a rota para alcançarmos essa meta está no inconsciente. É dele que vem o curso a seguir. São os assuntos pendentes da trajetória que solicitam solução e os talentos que solicitam manifestação.

Somente após as conquistas mais elementares da existência por meio da renúncia, da responsabilidade e da persistência, é que surge a maturidade básica para o trato com as questões mais profundas do ser.

O jovem e a criança não pensam nem reagem como o adulto. Cada ciclo tem seus desafios, e a meia-idade é o tempo da verdade lúcida no campo do espírito.

Medos e culpas, desejos e aspirações, que foram camuflados pela rotina dos dias, ressurgirão de forma inesperada diante dos acidentes da vida, ou gradativamente, obedecendo a um processo contínuo de amadurecimento da vida mental.

4) O que acontece de tão importante na vida mental nesta época da existência?

A perda da idealização e o convite à realidade. Em outras palavras, somos devolvidos a nós mesmos.

Raríssimas pessoas são detentoras de uma vida consciente que lhes permita viver sem idealizar. A idealização é um mecanismo protetor cujo objetivo é nos levar adiante, acreditando no que queremos.

Esse querer, entretanto, raramente vai ao encontro de nossas reais necessidades de crescimento. Idealizar é emprestar a um projeto de vida a nossa mais profunda crença de que ele significa o caminho certo a seguir.

A escolha pelo ideal implica fazer trocas, renunciar objetivos, matar sonhos e tentar esquecer as más lembranças.

A vida mental, porém, tem suas leis que regem os ciclos do ato de existir. O que não foi resolvido retornará, e o oculto será revelado. O autoenfrentamento é inadiável; do contrário, aquilo que durante décadas nos manteve moralmente de pé, por meio da idealização, poderá se transformar em loucura e obsessão, tormenta e desequilíbrio, frustração e comodismo.

O que acontece de mais importante neste ciclo é a perda da ilusão de que podemos controlar a vida para que ela seja como gostaríamos. Atitude típica de quem idealiza.

Em suma, na vida física, passamos metade da existência voltados para as realizações que ultrapassam a esfera dos nossos anseios mais subjetivos. Família, profissão, cultura e religião absorvem-nos as motivações intelectivas. Passado esse estágio, somos devolvidos ao contato com nossa realidade profunda, iniciando a autêntica preparação para o regresso ao mundo da realidade, fora das fronteiras da matéria.

5) Como fazer um bom proveito desta etapa da reencarnação?

Com coragem, paciência e dignidade.

Coragem para investigar e confrontar todos anseios, desejos, fantasias, frustrações, hábitos, vícios, condutas e tudo o que diga respeito aos mais secretos sentimentos da alma.

Paciência para fazer escolhas que não sejam apenas transferências de problemas com roupagem nova.

Dignidade para que tudo que signifique o novo na meia-idade seja fruto de tranquilidade consciencial.

Não fosse assim, a meia-idade poderia não passar de uma fase de distrações, consumindo o restante dos dias da vida física em mais tormenta e insatisfação.

6) É a meia-idade a fase em que vamos ao encontro do nosso projeto reencarnatório?

É a fase em que a maioria das pessoas vai, pela primeira vez, ao encontro daquilo que quer realmente. Passam a existência exercendo o papel de representantes dos desejos alheios, presos pelo medo de escolher seu caminho divino de crescimento espiritual. Raríssimos são aqueles que escapam da alienação da vontade pessoal na Terra. Poucos renascem com larga fatia de autonomia e consciência de propósitos na escala do progresso espiritual.

Primeiro ouvimos os pais, depois os amigos e os professores, mais tarde os grupos sociais, mais adiante a própria família que geramos e, na meia-idade, nos descobrimos escassos de escolhas pessoais e com apelos intensos para realizar sonhos que foram sufocados pelo tempo.

Se queremos viver com equilíbrio, é necessário sabermos qual a nossa real intenção diante da vida. Não se trata de reviver antigas ilusões do querer egoístico, mas de saber identificar, com lucidez, o apelo profundo da alma na busca de sua estrada de libertação.

É, sem dúvida, o período no qual a maioria de nós se depara com as motivações íntimas e fundamentais que foram trazidas de regresso à matéria para a solução de velhos assuntos do ser e o contato com seus talentos pessoais à espera de desenvolvimento nos compartimentos do *Self*.

7) E, ao buscar seus verdadeiros interesses, a criatura acaba se ajustando ao seu projeto estabelecido antes da vinda para o corpo físico?

Alguns sim, mas nem sempre.

8) Por que isso nem sempre acontece?

Por causa das ilusões.

9) Podemos confundir nosso mapa individual de evolução com as nossas ilusões?

Sim. A pressão psicológica que surge na meia-idade tem por objetivo conduzir nossos destinos aos rumos estabelecidos por Deus. Quando não sabemos lidar com essas pressões e fugimos para as ilusões, perdemos o contato com nosso mapa individual.

10) Sem as motivações da pressão psicológica na meia-idade, o que teria sido feito do restante da reencarnação?

Teríamos perdido a conexão com a nossa trajetória celeste que nos colocaram acima dos desvios, que em outros tempos nos conduziram à miragem da satisfação egoística e perniciosa.

11) Parece-me que a maioria de nós não está atenta para a importância desse período da vida. Falamos muito em juventude e velhice, e saltamos a meia-idade. Pode comentar isso?

Nessa época das experiências, são duas as posturas mais comuns: a primeira é que muitos se acomodam e passam os seus dias aprisionados pelo medo de perder o que conquistaram. A segunda é que muitos sentem que a vida acabou e, diante do pânico, procuram fugas enfermiças no intuito de se realizarem.

Os primeiros cometem um descuido com relação ao ato de viver, que é a dificuldade de desapegar de uma das mais sutis e enraizadas ilusões: a de que a vida pode permanecer do jeito que queremos.

Os segundos desistiram do ato de viver porque passaram idealizando a vida que nunca terão. Entregam-se aos braços da rebeldia e da revolta pelos caminhos do imediatismo. Estes passam pela vida sem deixar que ela exista em seu mundo íntimo. Poucos vislumbram que é o momento de começar a viver por meio da sensação merecida de liberdade interior e de constante impermanência.

12) Como o inconsciente aflora em cada um desses dois grupos?

Nos controladores acomodados, o primeiro grupo, o inconsciente costuma aflorar por intermédio de acontecimentos externos – em muitas ocasiões, é a única forma de sacudir a vida interior. Porém, isto não é uma regra. Alguns acontecimentos comuns são: perdas, mortes, doenças e outras provações. Este grupo pode, também, sofrer com acidentes emocionais dolorosos, dependendo do que são chamados a elaborar em relação ao seu mundo mental.

Nos que idealizam a vida, o segundo grupo, o maior chamado é a própria infelicidade, na qual se aprisionam. Estão mais sujeitos à depressão e a vários gêneros de doenças mentais.

Em ambos os casos, não existem regras, e tudo ocorrerá conforme a posição espiritual de cada um.

13) Como fazer as melhores escolhas nessa fase da vida, diante de um mundo interior instável e abalado por provas diversas?

Fazer melhores escolhas é algo muito individual. Enquanto quisermos defini-las por meio de condutas, quase sempre criadas pela religião, estaremos fugindo da escolha consciencial pela qual devemos nos guiar.

Aprender a ouvir a consciência é a grande lição que nos espera.

Quem poderá, em são juízo, definir algo por nós – já que esta é a fase da solidão – que escolha e determine nossos próprios caminhos? Esta solidão é necessária para nos conduzir à autenticidade.

O doutor Viktor Frankl abordou muito bem este tema no trecho a seguir:

"Quando um homem descobre que seu destino lhe reservou um sofrimento, tem que ver neste sofrimento também uma tarefa sua, única e original. Mesmo diante do sofrimento, a pessoa precisa conquistar a consciência de que ela é única e exclusiva em todo o cosmo dentro desse destino sofrido. Ninguém pode assumir dela o destino, e ninguém pode substituir a pessoa no sofrimento. Mas na maneira como ela própria suporta este sofrimento está também a possibilidade de uma realização única e singular".[45]

Nem sempre faremos as melhores escolhas, mas o certo é que na meia-idade seremos chamados a fazer as nossas escolhas pessoais, íntimas e intransferíveis. Qualificar essas escolhas é essencialmente consciencial, é algo entre Deus e a criatura.

14) Como espíritas, qual deve ser nossa conduta diante deste tema?

O Espiritismo é uma doutrina nova. Poucos são aqueles que já reencarnaram pela segunda vez como espíritas.

A realidade da vida imortal e todas as suas implicações em nossa conduta na vida terrena ainda se encontram povoadas de princípios influenciadores da religião tradicional.

A cultura espírita no mundo ainda tende muito mais para as convenções que para a educação dos potenciais da alma. Ainda nos encontramos muito mais na posição do não fazer, que orientados para o que e como fazer.

Esse caldo cultural serve de freio disciplinador e contenção das más tendências. Todavia, a proposta educativa de Jesus é toda centrada em valores e em desenvolvimento de qualidades.

Somente buscando o caminho pessoal e essencial das necessidades e merecimentos poderemos encontrar, na existência, o nosso projeto de ser.

---

[45] *Em busca de sentido*, p. 76, "Perguntar pelo sentido da vida", Editora Vozes.

Os espíritas são pessoas como outras quaisquer. Apenas sabem mais sobre a realidade da vida após a morte, mas mesmo assim são portadores das mesmas angústias de qualquer cidadão comum.

Fica, de fato, no campo da memória o conhecido ensino do Mestre: "[...] Muito será pedido a quem muito for dado".[46] Isso, porém, não significa que devemos deixar de fazer escolhas com o intuito de acertar mais e errar menos, pois o simples fato de não escolher já pode ser um desvio na trajetória particular de nossa evolução.

15) O Espiritismo confere, por si só, um sentido à nossa existência?

O Espiritismo é uma ferramenta de progresso. Seus ensinos despertam na alma uma atração incontrolável para a adoção de um estilo de vida distinto e mais digno, que passa a consumir esforços em torno do ideal.

O Espiritismo, com sua qualidade inquestionável de conteúdo, é capaz de motivar o idealismo, passando automaticamente a ser o sentido da vida para expressiva parcela de adeptos.

Mesmo assim, o ideal pode não passar de um mecanismo de contenção que a vida encontrou para educar ímpetos e adiar o momento decisivo do autoenfrentamento com nossa sombra pessoal.

Quantos companheiros motivados e com uma atuação impecável nos trabalhos doutrinários, de uma hora para outra, tombam em crises sem precedentes!

É nesse momento que o ideal emprestado morre para a conquista do mundo real que nos pertence. É o momento de decisões e testemunhos de aferição.

Somente nesta ocasião saberemos se os ensinos que tomaram conta do cérebro estão descendo para o coração, com a reflexão das expressões mais profundas da consciência.

---

46   Lucas, 12:48.

16) Que traço psicológico melhor definiria a meia-idade à luz do espírito imortal?

A autenticidade. O encontro com o eu real e suas aspirações mais nobres.

17) Apenas enfrentando a nós mesmos conseguiremos a autenticidade?

Este é o primeiro passo.

18) Quais são os outros passos?

A dissipação da culpa sob o facho da lucidez nos conduz aos braços da responsabilidade e do amor.

Para isso, temos de renovar os modelos mentais que idealizamos e viver a realidade sem sermos inimigos de nós mesmos, procurando ser nosso aliado nas experiências e nas escolhas.

19) Devemos parar de nos culpar?

A culpa pode nos tornar hipócritas.

20) Por que isso pode acontecer?

Quando não aceitamos nossas imperfeições, criamos os modelos ideais de ser. Vivemos na órbita deste modelo, e tendemos a nos repreender com crueldade e maus-tratos toda vez que não o atendemos.

Nessa experiência, sufocamos o que há de mais rico em nossa trajetória para Deus: a nossa humanidade, a criatura imperfeita que somos.

O fato de sermos humanos causa pânico nas criaturas mais rígidas. A rigidez constitui uma defesa à própria humanidade, da qual são também portadores.

A culpa esconde nossas reais necessidades de crescimento espiritual, fazendo-nos ser o que não somos, para nos sentir bem com nosso modelo de ser.

21) O que é a hipocrisia?

É adular uma criatura que não somos. Alimentar uma personalidade que esconde a nossa realidade mais profunda, com a qual não queremos tomar contato. A hipocrisia foi uma das doenças mais tratadas por Jesus em Sua celeste missão.

O caminho para a autenticidade é permeado por etapas. Quando se adia demasiadamente o autoenfrentamento com nossa sombra, a hipocrisia passa a ser um resultado que ninguém tem como deter na marcha dos dias.

22) A culpa pode nos ajudar em alguma situação?

Sim, se a usarmos como guia para rever valores e crenças, ela pode nos ajudar. Do contrário, ela será caminho para o estado de remorso, que é a raiz das mais variadas psicopatologias.

23) O que existe em nossa sombra que é tão difícil de olhar?

Desejos, carências, medos, traumas, frustrações, mágoas, tendências, memórias de culpa, sonhos sufocados, talentos relegados.

Na sombra, está todo o conteúdo evolutivo para o qual não quisemos ou não conseguimos olhar ao longo da peregrinação milenar do espírito.

24) Como essa sombra nos prejudica?

Ela pode nos prejudicar de várias formas. Listamos algumas delas:

- Fantasias dolorosas.
- Sustentação de crenças nocivas.
- Exaustão energética decorrente de conflitos.
- Campo mental para ação espiritual exploratória.

- Transformação dos conflitos em doenças orgânicas.
- Depressões e variados quadros de doença mental.
- Desprazer de viver.

Todas estas experiências, sob a ótica da vida universal e de suas leis, são mensagens do inconsciente, manifestando que chegou o nosso momento de ser feliz e de que não há mais como descuidar desse assunto na caminhada para a perfeição.

25) Gostaria de oferecer uma mensagem final sobre o assunto "meia-idade"?

Nunca houve tanta proximidade entre o plano visível e o invisível.

Em tempos de transição, até mesmo os acidentes naturais que varrem cidades e multidões, têm implicações decisivas nas faixas do ecossistema espiritual. Guerras, ciclones, maremotos, poluição, terrorismo, miséria e *tsunamis* são fenômenos sociais que trazem mudanças nessa inter-relação dos mundos físico e espiritual.

O doutor Barry já fazia esta análise nos tempos da codificação nos livros básicos do Espiritismo. Ele teve a oportunidade de dizer:

> "Uma coisa que vos parecerá estranhável, mas que por isso não deixa de ser rigorosa verdade, é que o mundo dos Espíritos, mundo que vos rodeia, experimenta o contrachoque de todas as comoções que abalam o mundo dos encarnados. Digo mesmo que aquele toma parte ativa nessas comoções. Nada tem isto de surpreendente, para quem sabe que os Espíritos fazem corpo com a Humanidade; que eles saem dela e a ela têm de voltar, sendo, pois, natural se interessem pelos movimentos que se operam entre os homens. Ficai, portanto, certos de que, quando uma revolução social se produz na Terra, abala igualmente o mundo invisível, onde todas as

paixões, boas e más, se exacerbam, como entre vós. Indizível efervescência entra a reinar na coletividade dos Espíritos que ainda pertencem ao vosso mundo e que aguardam o momento de a ele volver"[47]

Em tempo algum houve tão expressiva densidade populacional nas faixas invisíveis da humanidade terrena.

A resistência prolongada no mal durante milênios criou nas esferas inferiores da subcrosta as mais desconfortáveis condições de *habitat* no império da maldade. Em razão dessa asfixia nas profundezas vibratórias do planeta, o inferno literalmente subiu para o solo terreno. Dilatou como nunca o volume das reencarnações e, cada dia mais, cresce o número daqueles que, largando o corpo físico, vivem como se nele ainda permanecessem. Essa realidade ainda resultou em outra causa de aumento da densidade populacional da psicosfera terrena.

Os Tutores e Condutores dos continentes destacaram todos aqueles em condição de zelar pelo bem na humanidade para missões consagradas perante as instituições de socorro e amparo que velam pelos destinos do bem em nossa casa planetária.

Com uma escala de aproximadamente trinta bilhões de almas envolvidas com as atividades e os compromissos do planeta Terra, temos hoje bem mais de seis bilhões de criaturas envergando o corpo físico em torno de um quinto do montante geral do censo populacional terreno. Do conjunto de vinte e quatro bilhões de espíritos que estão fora da matéria, pelo menos a metade, segundo pesquisas realizadas nos últimos vinte anos em nosso plano de ação, necessitam do retorno à escola das provas na vida corporal.

Consideremos essa parcela de almas que regressou ao corpo como sendo os representantes de quantos se encontram vinculados à condição de necessidades especiais na composição fora dele. Estar no corpo físico, mesmo com os

---
[47] *A gênese*, capítulo 18, item 9, Allan Kardec, Editora FEB.

severos limites impostos pela expiação, significa uma bênção de proporções incalculáveis diante deste quadro.

É um instante definitivo para nossa sociedade.

Se leis físicas, químicas e biológicas se submetem a este princípio interdimensional, que se pode dizer das leis que regem o mundo íntimo dos seres humanos?

Fora da vida tangível, prolonga-se a extensão de cada mente submetida aos cinco sentidos. O reflexo de nós mesmos se faz ao redor de nossos passos em quaisquer expressões quânticas na ordem universal. Agimos e reagimos sob o imperativo de vínculos entre sociedades física e espiritual.

Essa interação, que nunca teve antecedentes tão expressivos quanto agora, faz-nos refletir na força determinante da psicosfera do orbe sobre a vida mental das criaturas encarnadas.

Qual o estado emocional predominante na população terrena? Que fatores íntimos e externos são decisivos no conteúdo de nossos sentimentos? Qual o traço moral dominante nas relações humanas? Que doenças podem surgir a partir da simbiose psíquica entre almas em diferentes planos de vida? Qual o conceito de obsessão diante do quadro sócio-espiritual dos habitantes da nossa casa terrena? Como encontrar prazer de viver diante de expressões de miséria e dor que contrastam com a marcha constante do progresso?

Não teremos regeneração da humanidade sem descobrirmos as respostas essenciais para a conquista de nossa real condição evolutiva. O prazer de viver está nessa arte sagrada de aprender a construir nossa identidade espiritual perante os estatutos cósmicos gravados na consciência. Somente com respostas lúcidas e individuais poderemos explorar o mundo desconhecido de nossas riquezas interiores.

["Aprender a ouvir a consciência
é a grande lição que nos espera."

Ermance Dufaux]

[Ficha Técnica]

Título
Prazer de Viver

Autoria
Espírito Ermance Dufaux
Psicografia de Wanderley Oliveira

Edição
3ª / 1ª reimpressão

Editora
Dufaux (Belo Horizonte MG)

ISBN
978-85-63365-74-3

Capa
Tiago Macedo e Lucas William

Diagramas
Lucas William

Projeto gráfico e diagramação
Mônica Abreu

Revisão da diagramação
Nilma Helena

Revisão ortográfica
Juliana Biggi e Nilma Helena

Coordenação e preparação de originais
Maria José da Costa e Nilma Helena

Composição
Adobe Indesign 6.0, plataforma MAC

Páginas
254

Tamanho
Miolo 16x23cm
Capa 16x23cm

Tipografia
Texto principal:Cambria 12.5pt
Título: NewsGoth BT 32pt
Notas de rodapé: Cambria 9.5pt

Margens
22 mm: 25 mm: 28 mm: 22 mm
(superior:inferior:interna;externa)

Papel
Miolo em Avena 80g/m2
Capa em Pólen 250g/m2

Cores
Miolo: 1x1 cores K e Pantone 541C
Capa: 4x0 cores CMYK

Impressão
AtualDV (Curitiba/PR)

Acabamento
Miolo: Brochura, cadernos de 32 páginas, costurados e colados.
Capa: Laminação Soft Touch

Tiragem
Sob demanda

Produção
Junho / 2023

[Nossas Publicações]

SÉRIE AUTOCONHECIMENTO

DEPRESSÃO E AUTOCONHECIMENTO - COMO EXTRAIR PRECIOSAS LIÇÕES DESSA DOR

A proposta de tratamento complementar da depressão aqui abordada tem como foco a educação para lidar com nossa dor, que muito antes de ser mental, é moral.

Wanderley Oliveira
16 x 23 cm
235 páginas

ebook

FALA, PRETO VELHO

Um roteiro de autoproteção energética através do autoamor. Os textos aqui desenvolvidos permitem construir nossa proteção interior por meio de condutas amorosas e posturas mentais positivas, para criação de um ambiente energético protetor ao redor de nossas vidas.

Wanderley Oliveira | Pai João de Angola
16 x 23 cm
291 páginas

ebook

QUAL A MEDIDA DO SEU AMOR?

Propõe revermos nossa forma de amar, pois estamos mais próximos de uma visão particularista do que de uma vivência autêntica desse sentimento. Superar limites, cultivar relações saudáveis e vencer barreiras emocionais são alguns dos exercícios na construção desse novo olhar.

Wanderley Oliveira | Ermance Dufaux
16 x 23 cm
208 páginas

ebook

APAIXONE-SE POR VOCÊ

Você já ouviu alguém dizer para outra pessoa: "minha vida é você"?
Enquanto o eixo de sua sustentação psicológica for outra pessoa, a sua vida estará sempre ameaçada, pois o medo da perda vai rondar seus passos a cada minuto.

Wanderley Oliveira
16 x 23 cm
152 páginas

ebook

A VERDADE ALÉM DAS APARÊNCIAS - O UNIVERSO INTERIOR

Liberte-se da ansiedade e da angústia, direcionando o seu espírito para o único tempo que realmente importa: o presente. Nele você pode construir um novo olhar, amplo e consciente, que levará você a enxergar a verdade além das aparências.

Samuel Gomes
16 x 23 cm
272 páginas

DESCOMPLIQUE, SEJA LEVE

Um livro de mensagens para apoiar sua caminhada na aquisição de uma vida mais suave e rica de alegrias na convivência.

Wanderley Oliveira
16 x 23 cm
238 páginas

7 CAMINHOS PARA O AUTOAMOR

O tema central dessa obra é o autoamor que, na concepção dos educadores espirituais, tem na autoestima o campo elementar para seu desenvolvimento. O autoamor é algo inato, herança divina, enquanto a autoestima é o serviço laborioso e paciente de resgatar essa força interior, ao longo do caminho de volta à casa do Pai.

Wanderley Oliveira | Pai João de Angola
16 x 23 cm
272 páginas

A REDENÇÃO DE UM EXILADO

A obra traz informações sobre a formação da civilização, nos primórdios da Terra, que contou com a ajuda do exílio de milhões de espíritos mandados para cá para conquistar sua recuperação moral e auxiliar no desenvolvimento das raças e da civilização. É uma narrativa do Apóstolo Lucas, que foi um desses enviados, e que venceu suas dificuldades íntimas para seguir no trabalho orientado pelo Cristo.

Samuel Gomes | Lucas
16 x 23 cm
368 páginas

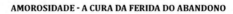

AMOROSIDADE - A CURA DA FERIDA DO ABANDONO

Uma das mais conhecidas prisões emocionais na atualidade é a dor do abandono, a sensação de desamparo. Essa lesão na alma responde por larga soma de aflições em todos os continentes do mundo. Não há quem não esteja carente de ser protegido e acolhido, amado e incentivado nas lutas de cada dia.

Wanderley Oliveira | Ermance Dufaux
16 x 23 cm
300 páginas

MEDIUNIDADE - A CURA DA FERIDA DA FRAGILIDADE

Ermance Dufaux vem tratando sobre as feridas evolutivas da humanidade. A ferida da fragilidade é um dos traços mais marcantes dos aprendizes da escola terrena. Uma acentuada desconexão com o patrimônio da fé e do autoamor, os verdadeiros poderes da alma.

Wanderley Oliveira | Ermance Dufaux
16 x 23 cm
235 páginas

CONECTE-SE A VOCÊ - O ENCONTRO DE UMA NOVA MENTALIDADE QUE TRANSFORMARÁ A SUA VIDA

Este livro vai te estimular na busca de quem você é verdadeiramente. Com leitura de fácil assimilação, ele é uma viagem a um país desconhecido que, pouco a pouco, revela características e peculiaridades que o ajudarão a encontrar novos caminhos. Para esta viagem, você deve estar conectado a sua essência. A partir daí, tudo que você fizer o levará ao encontro do propósito que Deus estabeleceu para sua vida espiritual.

Rodrigo Ferretti
16 x 23 cm
256 páginas

APOCALIPSE SEGUNDO A ESPIRITUALIDADE - O DESPERTAR DE UMA NOVA CONSCIÊNCIA

Num curso realizado em uma colônia do plano espiritual, o livro Apocalipse, de João Evangelista, é estudado de forma dinâmica e de fácil entendimento, desvendando a simbologia das figuras místicas sob o enfoque do autoconhecimento.

Samuel Gomes
16 x 23 cm
313 páginas

VIDAS PASSADAS E HOMOSSEXUALIDADE - CAMINHOS QUE LEVAM À HARMONIA

"Vidas Passadas e Homossexualidade" é, antes de tudo, um livro sobre o autoconhecimento. E, mais que uma obra que trada do uso prático da Terapia de Regressão às Vidas Passadas . Em um conjunto de casos, ricamente descritos, o leitor poderá compreender a relação de sua atual encarnação com aquelas que ele viveu em vidas passadas. O obra mostra que absolutamente tudo está interligado. Se o leitor não encontra respostas sobre as suas buscas psicológicas nesta vida, ele as encontrará conhecendo suas vidas passadas.
Samuel Gomes

Dra. Solange Cigagna
16 x 23 cm
364 páginas

SÉRIE CONSCIÊNCIA DESPERTA

SAIA DO CONTROLE - UM DIÁLOGO TERAPEUTICO E LIBERTADOR ENTRE A MENTE E A CONSCIÊNCIA

Agimos de forma instintiva por não saber observar os pensamentos e emoções que direcionam nossas ações de forma condicionada. Por meio de uma observação atenta e consciente, identificando o domínio da mente em nossas vidas, passamos a viver conscientes das forças internas que nos regem.

Rossano Sobrinho
16 x 23 cm
268 páginas

SÉRIE CULTO NO LAR

VIBRAÇÕES DE PAZ EM FAMÍLIA

Quando a família se reune para orar, ou mesmo um de seus componetes, o ambiente do lar melhora muito. As preces são emissões poderosas de energia que promovem a iluminação interior. A oração em família traz paz e fortalece, protege e ampara a cada um que se prepara para a jornada terrena rumo à superação de todos os desafios.

Wanderley Oliveira | Ermance Dufaux
16 x 23 cm
212 páginas

JESUS - A INSPIRAÇÃO DAS RELAÇÕES LUMINOSAS

Após o sucesso de "Emoções que curam", o espírito Ermance Dufaux retorna com um novo livro baseado nos ensinamentos do Cristo, destacando que o autoamor é a garantia mais sólida para a construção de relacionamentos luminosos.

Wanderley Oliveira | Ermance Dufaux
16 x 23 cm
304 páginas

REGENERAÇÃO - EM HARMONIA COM O PAI

Nos dias em que a Terra passa por transformações fundamentais, ampliando suas condições na direção de se tornar um mundo regenerado, é necessário desenvolvermos uma harmonia inabalável para aproveitar as lições que esses dias nos proporcionam por meio das nossas decisões e das nossas escolhas, [...].

Samuel Gomes | Diversos Espíritos
16 x 23 cm
223 páginas

PRECES ESPÍRITAS

Porque e como orar?
O modo como oramos influi no resultado de nossas preces?
Existe um jeito certo de fazer a oração?
Allan Kardec nos afirma que *"não há fórmula absoluta para a prece"*, mas o próprio Evangelho nos orienta que *"quando oramos, devemos entrar no nosso aposento interno do coração e, fechando a porta, busquemos Deus que habita em nós; e Ele, que vê nossa mais secreta realidade espiritual, nos amparará em todas as necessidades. Ao orarmos, evitemos as repetições de orações realizadas da boca para fora, como muitos que pensam que por muito falarem serão ouvidos. Oremos a Deus em espírito e verdade porque nosso Pai sabe o que nos é necessário, antes mesmo de pedirmos "*. (Mateus 6:5 a 8)

Allan Kardec
16 x 23 cm
145 páginas

O EVANGELHO SEGUNDO O ESPIRITISMO

O Evangelho de Jesus Cristo foi levado ao mundo por meio de seus discípulos, logo após o desencarne do Mestre na cruz. Mas o Evangelho de Cristo foi, muitas vezes, alterado e deturpado através de inúmeras edições e traduções do chamado Novo Testamento. Agora, a Doutrina Espírita, por meio de um trabalho sob a óptica dos espíritos e de Allan Kardec, vem jogar luz sobre a verdadeira face de Cristo e seus ensinamentos de perdão, caridade e amor.

Allan Kardec
16 x 23 cm
431 páginas

SÉRIE DESAFIOS DA CONVIVÊNCIA

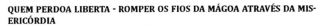

QUEM SABE PODE MUITO. QUEM AMA PODE MAIS

A lição central desta obra é mostrar que o conhecimento nem sempre é suficiente para garantir a presença do amor nas relações. "Estar informado é a primeira etapa. Ser transformado é a etapa da maioridade." - Eurípedes Barsanulfo.

Wanderley Oliveira | José Mário
16 x 23 cm
312 páginas

QUEM PERDOA LIBERTA - ROMPER OS FIOS DA MÁGOA ATRAVÉS DA MISERICÓRDIA

Continuação do livro "QUEM SABE PODE MUITO. QUEM AMA PODE MAIS" dando sequência à trilogia "Desafios da Convivência".

Wanderley Oliveira | José Mário
16 x 23 cm
320 páginas

SERVIDORES DA LUZ NA TRANSIÇÃO PLANETÁRIA

Nesta obra recebemos o convite para nos integrar nas fileiras dos Servidores da Luz, atuando de forma consciente diante dos desafios da transição planetária. Brilhante fechamento da trilogia.

Wanderley Oliveira | José Mário
14x21 cm
298 páginas

SÉRIE ESPÍRITOS DO BEM

GUARDIÕES DO CARMA - A MISSÃO DOS EXUS NA TERRA

Pai João de Angola quebra com o preconceito criado em torno dos exus e mostra que a missão deles na Terra vai além do que conhecemos. Na verdade, eles atuam como guardiões do carma, nos ajudando nos principais aspectos de nossas vidas.

Wanderley Oliveira | Pai João de Angola
16 x 23 cm
288 páginas

GUARDIÃS DO AMOR - A MISSÃO DAS POMBAGIRAS NA TERRA

"São um exemplo de amor incondicional e de grandeza da alma. São mães dos deserdados e angustiados. São educadoras e desenvolvedoras do sagrado feminino, e nesse aspecto são capazes de ampliar, nos homens e nas mulheres, muitas conquistas que abrem portas para um mundo mais humanizado, [...]".

Wanderley Oliveira | Pai João de Angola
16 x 23 cm
232 páginas

GUARDIÕES DA VERDADE - NADA FICARÁ OCULTO

Neste momento de batalhas decisivas rumo aos tempos da regeneração, esta obra é um alerta que destaca a importância da autenticidade nas relações humanas e da conduta ética como bases para uma forma transparente de viver. A partir de agora, nada ficará oculto, pois a Verdade é o único caminho que aguarda a humanidade para diluir o mal e se estabelecer na realidade que rege o universo.

Wanderley Oliveira | Pai João de Angola
16 x 23 cm
236 páginas

SÉRIE ESTUDOS DOUTRINÁRIOS

ATITUDE DE AMOR

Opúsculo contendo a palestra "Atitude de Amor" de Bezerra de Menezes, o debate com Eurípedes Barsanulfo sobre o período da maioridade do Espiritismo e as orientações sobre o "movimento atitude de amor". Por uma efetiva renovação pela educação moral.

Wanderley Oliveira | Ermance Dufaux e Cícero Pereira
14 x 21 cm
94 páginas

SEARA BENDITA

Um convite à reflexão sobre a urgência de novas posturas e conceitos. As mudanças a adotar em favor da construção de um movimento social capaz de cooperar com eficácia na espiritualização da humanidade.

Wanderley Oliveira e Maria José Costa | Diversos Espíritos
14 x 21 cm
284 páginas

Gratuito em nosso site, somente em:

NOTÍCIAS DE CHICO

"Nesta obra, Chico Xavier afirma com seu otimismo natural que a Terra caminha para uma regeneração de acordo com os projetos de Jesus, a caracterizar-se pela tolerância humana recíproca e que precisamos fazer a nossa parte no concerto projetado pelo Orientador Maior, principalmente porque ainda não assumimos responsabilidades mais expressivas na sustentação das propostas elevadas que dizem respeito ao futuro do nosso planeta."

Samuel Gomes | Chico Xavier
16 x 23 cm
181 páginas

SÉRIE FAMÍLIA E ESPIRITUALIDADE

UM JOVEM OBSESSOR - A FORÇA DO AMOR NA REDENÇÃO ESPIRITUAL

Um jovem conta sua história, compartilhando seus problemas após a morte, falando sobre relacionamentos, sexo, drogas e, sobretudo, da força do amor na redenção espiritual.

Adriana Machado | Jefferson
16 x 23 cm
392 páginas

UM JOVEM MÉDIUM - CORAGEM E SUPERAÇÃO PELA FORÇA DA FÉ

A mediunidade é um canal de acesso às questões de vidas passadas que ainda precisam ser resolvidas. O livro conta a história do jovem Alexandre que, com sua mediunidade, se torna o intermediário entre as histórias de vidas passadas daqueles que o rodeiam tanto no plano físico quanto no plano espiritual. Surpresos com o dom mediúnico do menino, os pais, de formação Católica, se veem às voltas com as questões espirituais que o filho querido traz para o seio da família.

Adriana Machado | Ezequiel
16 x 23 cm
365 páginas

RECONSTRUA SUA FAMÍLIA - CONSIDERAÇÕES PARA O PÓS-PANDEMIA

Vivemos dias de definição, onde nada mais será como antes. Necessário redefinir e ampliar o conceito de família. Isso pode evitar muitos conflitos nas interações pessoais. O autoconhecimento seguido de reforma íntima será o único caminho para transformação do ser humano, das famílias, das sociedades e da humanidade.

Dr. Américo Canhoto
16 x 23 cm
237 páginas

 SÉRIE **HARMONIA INTERIOR**

LAÇOS DE AFETO - CAMINHOS DO AMOR NA CONVIVÊNCIA

Uma abordagem sobre a importância do afeto em nossos relacionamentos para o crescimento espiritual. São textos baseados no dia a dia de nossas experiências. Um estímulo ao aprendizado mais proveitoso e harmonioso na convivência humana.

Wanderley Oliveira | Ermance Dufaux
16 x 23 cm
312 páginas

MEREÇA SER FELIZ - SUPERANDO AS ILUSÕES DO ORGULHO

Um estudo psicológico sobre o orgulho e sua influência em nossa caminhada espiritual. Ermance Dufaux considera essa doença moral como um dos mais fortes obstáculos à nossa felicidade, porque nos leva à ilusão.

Wanderley Oliveira | Ermance Dufaux
16 x 23 cm
296 páginas

 [ESPANHOL]

REFORMA ÍNTIMA SEM MARTÍRIO - AUTOTRANSFORMAÇÃO COM LEVEZA E ESPERANÇA

As ações em favor do aperfeiçoamento espiritual dependem de uma relação pacífica com nossas imperfeições. Como gerenciar a vida íntima sem adicionar o sofrimento e sem entrar em conflito consigo mesmo?

Wanderley Oliveira | Ermance Dufaux
16 x 23 cm
288 páginas

 [ESPANHOL] [INGLÊS]

PRAZER DE VIVER - CONQUISTA DE QUEM CULTIVA A FÉ E A ESPERANÇA

Neste livro, Ermance Dufaux, com seus ensinos, nos auxilia a pensar caminhos para alcançar nossas metas existenciais, a fim de que as nossas reencarnações sejam melhor vividas e aproveitadas.

Wanderley Oliveira | Ermance Dufaux
16 x 23 cm
248 páginas

ESCUTANDO SENTIMENTOS - A ATITUDE DE AMAR-NOS COMO MERECEMOS

Ermance afirma que temos dado passos importantes no amor ao próximo, mas nem sempre sabemos como cuidar de nós, tratando-nos com culpas, medos e outros sentimentos que não colaboram para nossa felicidade.

Wanderley Oliveira | Ermance Dufaux
16 x 23 cm
256 páginas

 [ESPANHOL]

DIFERENÇAS NÃO SÃO DEFEITOS - A RIQUEZA DA DIVERSIDADE NAS RELAÇÕES HUMANAS

Ninguém será exatamente como gostaríamos que fosse. Quando aprendemos a conviver bem com os diferentes e suas diferenças, a vida fica bem mais leve. Aprenda esse grande SEGREDO e conquiste sua liberdade pessoal.

Wanderley Oliveira | Ermance Dufaux
16 x 23 cm
248 páginas

EMOÇÕES QUE CURAM - CULPA, RAIVA E MEDO COMO FORÇAS DE LIBERTAÇÃO

Um convite para aceitarmos as emoções como forma terapêutica de viver, sintonizando o pensamento com a realidade e com o desenvolvimento da autoaceitação.

Wanderley Oliveira | Ermance Dufaux
16 x 23 cm
272 páginas

 SÉRIE REFLEXÕES DIÁRIAS

PARA SENTIR DEUS

Nos momentos atuais da humanidade sentimos extrema necessidade da presença de Deus. Ermance Dufaux resgata, para cada um, múltiplas formas de contato com Ele, de como senti-Lo em nossas vidas, nas circunstâncias que nos cercam e nos semelhantes que dividem conosco a jornada reencarnatória. Ver, ouvir e sentir Deus em tudo e em todos.

Wanderley Oliveira | Ermance Dufaux
11 x 15,5 cm
133 páginas
Somente ebook

LIÇÕES PARA O AUTOAMOR

Mensagens de estímulo na conquista do perdão, da aceitação e do amor a si mesmo. Um convite à maravilhosa jornada do autoconhecimento que nos conduzirá a tomar posse de nossa herança divina.

Wanderley Oliveira | Ermance Dufaux
11 x 15,5 cm
128 páginas
Somente ebook

RECEITAS PARA A ALMA

Mensagens de conforto e esperança, com pequenos lembretes sobre a aplicação do Evangelho para o dia a dia. Um conjunto de propostas que se constituem em verdadeiros remédios para nossas almas.

Wanderley Oliveira | Ermance Dufaux
11 x 15,5 cm
146 páginas
Somente ebook

SÉRIE REGENERAÇÃO

FUTURO ESPIRITUAL DA TERRA

As necessidades, as estruturas perispirituais e neuropsíquicas, o trabalho, o tempo, as características sociais e os próprios recursos de natureza material se tornarão bem mais sutis. O futuro já está em construção e André Luiz, através da psicografia de Samuel Gomes, conta como será o Futuro Espiritual da Terra.

Samuel Gomes | André Luiz
16 x 23 cm
344 páginas

XEQUE-MATE NAS SOMBRAS - A VITÓRIA DA LUZ

André Luiz traz notícias das atividades que as colônias espirituais, ao redor da Terra, estão realizando para resgatar os espíritos que se encontram perdidos nas trevas e conduzi-los a passar por um filtro de valores, seja para receberem recursos visando a melhorar suas qualidades morais – se tiverem condições de continuar no orbe – seja para encaminhá-los ao degredo planetário.

Samuel Gomes | André Luiz
16 x 23 cm
212 páginas

A DECISÃO - CRISTOS PLANETÁRIOS DEFINEM O FUTURO ESPIRITUAL DA TERRA

"Os Cristos Planetários do Sistema Solar e de outros sistemas se encontram para decidir sobre o futuro da Terra na sua fase de regeneração. Numa reunião que pode ser considerada, na atualidade, uma das mais importantes para a humanidade terrestre, Jesus faz um pronunciamento direto sobre as diretrizes estabelecidas por Ele para este período."

Samuel Gomes | André Luiz e Chico Xavier
16 x 23 cm
210 páginas

SÉRIE ROMANCE MEDIÚNICO

OS DRAGÕES - O DIAMANTE NO LODO NÃO DEIXA DE SER DIAMANTE

Um relato leve e comovente sobre nossos vínculos com os grupos de espíritos que integram as organizações do mal no submundo astral.

Wanderley Oliveira | Maria Modesto Cravo
16 x 23cm
522 páginas

LÍRIOS DE ESPERANÇA

Ermance Dufaux alerta os espíritas e lidadores do bem de um modo geral, para as responsabilidades urgentes da renovação interior e da prática do amor neste momento de transição evolutiva, através de novos modelos de relação, como orientam os benfeitores espirituais.

Wanderley Oliveira | Ermance Dufaux
16 x 23 cm
508 páginas

ebook

AMOR ALÉM DE TUDO

Regras para seguir e rótulos para sustentar. Até quando viveremos sob o peso dessas ilusões? Nessa obra reveladora, Dr. Inácio Ferreira nos convida a conhecer a verdade acima das aparências. Um novo caminho para aqueles que buscam respeito às diferenças e o AMOR ALÉM DE TUDO.

Wanderley Oliveira | Inácio Ferreira
16 x 23 cm
252 páginas

ebook

ABRAÇO DE PAI JOÃO

Pai João de Angola retorna com conceitos simples e práticos, sobre os problemas gerados pela carência afetiva. Um romance com casos repletos de lutas, desafios e superações. Esperança para que permaneçamos no processo de resgate das potências divinas de nosso espírito.

Wanderley Oliveira | Pai João de Angola
16 x 23 cm
224 páginas

ebook

UM ENCONTRO COM PAI JOÃO

A obra também fala do valor de uma terapia, da necessidade do autoconhecimento, dos tipos de casamentos programados antes do reencarne, dos processos obsessivos de variados graus e do amparo de Deus para nossas vidas por meio dos amigos espirituais e seus trabalhadores encarnados. Narra também em detalhes a dinâmica das atividades socorristas do centro espírita.

Wanderley Oliveira | Pai João de Angola
16 x 23 cm
220 páginas

O LADO OCULTO DA TRANSIÇÃO PLANETÁRIA

O espírito Maria Modesto Cravo aborda os bastidores da transição planetária com casos conectados ao astral da Terra.

Wanderley Oliveira | Maria Modesto Cravo
16 x 23 cm
288 páginas

ebook

PERDÃO - A CHAVE PARA A LIBERDADE

Neste romance revelador, conhecemos Onofre, um pai que enfrenta a perda de seu único filho com apenas oito anos de idade. Diante do luto e diversas frustrações, um processo desafiador de autoconhecimento o convida a enxergar a vida com um novo olhar. Será essa a chave para a sua libertação?

Adriana Machado | Ezequiel
14 x 21 cm
288 páginas

ebook

1/3 DA VIDA - ENQUANTO O CORPO DORME A ALMA DESPERTA

A atividade noturna fora da matéria representa um terço da vida no corpo físico, e é considerada por nós como o período mais rico em espiritualidade, oportunidade e esperança.

Wanderley Oliveira | Ermance Dufaux
16 x 23 cm
279 páginas

ebook

NEM TUDO É CARMA, MAS TUDO É ESCOLHA

Somos todos agentes ativos das experiências que vivenciamos e não há injustiças ou acasos em cada um dos aprendizados.

Adriana Machado | Ezequiel
16 x 23 cm
536 páginas

ebook

RETRATOS DA VIDA - AS CONSEQUÊNCIAS DO DESCOMPROMETIMENTO AFETIVO

Túlio costumava abstrair-se da realidade, sempre se imaginando pintando um quadro; mais especificamente pintando o rosto de uma mulher.
Vivendo com Dora um casamento já frio e distante, uma terrível e insuportável dor se abate sobre sua vida. A dor era tanta que Túlio precisou buscar dentro de sua alma uma resposta para todas as suas angústias..

Clotilde Fascioni
16 x 23 cm
175 páginas

O PREÇO DE UM PERDÃO - AS VIDAS DE DANIEL

Daniel se apaixona perdidamente e, por várias vidas, é capaz de fazer qualquer coisa para alcançar o objetivo de concretizar o seu amor. Mas suas atitudes, por mais verdadeiras que sejam, o afastam cada vez mais desse objetivo. É quando a vida o para.

André Figueiredo e Fernanda Sicuro | Espírito Bruno
16 x 23 cm
333 páginas

Livros que transformam vidas!

Acompanhe nossas redes sociais

(lançamentos, conteúdos e promoções)

📷 @editoradufaux

📘 facebook.com/EditoraDufaux

▶ youtube.com/user/EditoraDufaux

Conheça nosso catálogo e mais sobre nossa editora. Acesse os nossos sites

Loja Virtual

🌐 www.dufaux.com.br

eBooks, conteúdos gratuitos e muito mais

🌐 www.editoradufaux.com.br

Entre em contato com a gente.

Use os nossos canais de atendimento

📱 (31) 99193-2230

📞 (31) 3347-1531

🌐 www.dufaux.com.br/contato

✉ sac@editoradufaux.com.br

📍 Rua Contria, 759 | Alto Barroca | CEP 30431-028 | Belo Horizonte | MG